D1734659

Феликс Кривин

Felix Krivin

VERLAG
RDP
издательство

Aus dem Russischen ausgewählt und nachgedichtet von Peter Dehmel

Феликс Кривин
Размышление на ветру

Felix Krivin
Gedanken im Wind

VERLAG
RДPD
издательство

Die Deutsche Bibliothek verzeichnet diese Publikation in der Deutschen
Nationalbibliographie; detaillierte bibliographische Daten sind im Internet
über http://dnb.ddb.de abrufbar.

Übersetzung, Reproduktion, Verarbeitung unter Verwendung elektro-
nischer Systeme, Speicherung in DV-Anlagen, Wiedergabe auf elektro-
nischen, fotomechanischen, fotografischen oder anderen Wegen über
Internet, TV, Funk oder als Vortrag – auch auszugsweise – nur mit aus-
drücklicher schriftlicher Genehmigung durch den Verlag.

Satz: Oleg Weiss
Gestaltung: Michail Schnittmann
Gemälde und Graphiken: Sergej Lawrentjew
Druck und Bindung: TZ-Verlag & Print GmbH, Roßdorf bei Darmstadt

ISBN 978-3-9811352-4-4
1. Auflage, 2010
© Verlag Regine Dehnel
Rykestraße 49
D-10405 Berlin
Tel. (030) 40 04 39 39
Fax (030) 40 04 83 94
info@verlagrd.de
www.verlagrd.de

О Феликсе Кривине

Он очень необычен,
Поскольку лаконичен.
А от других отличен
Он тем, что ироничен.

А. Житницкий

Über Felix Krivin

Er schreibt gar unkanonisch,
Im Stile oft lakonisch,
Im Urteil salomonisch
Und meisterlich ironisch.

A. Žitnickij

Че смотри на годы, не смотри

Liebste, lass die Jahre außer Acht

Факт моей биографии

Я храню в потрёпанном конверте
Документ особого значения:
Старое «Свидетельство о смерти»
С выцветшей поправкой: «о рождении».

Видимо, рождений был избыток
Там, где эти справки выдавались.
На рожденье кончились лимиты,
А на смерть лимиты оставались.

Очень трудный случай оказался,
Тут бы мне расстаться с белым светом...
Хорошо, что Бог работал в загсе,
Хорошо, что был он человеком.

Смерть идёт на всякие уловки,
И не раз мне опыт пригодился,
Что в такой опасной обстановке
Я тогда не умер, а родился.

Ein Detail aus meiner Biografie

Im Kuvert, zerdrückt und ausgeblichen,
Hüt ich ein Papier, von mir geschätzt:
„Sterbefall" ist darin durchgestrichen
Und durchs kleine Wort „Geburt" ersetzt.

Allzu viele waren wohl geboren worden
Dort, wo man die Urkunden verfasste,
Aber es ward nicht so viel gestorben,
Wie es in den Plan des Amtes passte.

Guter Rat war da nun ziemlich teuer –
Sollte ich schon aus dem Leben scheiden?
Gut, dass Gott im Standesamt den Fall betreute
Und es schaffte, sich als Mensch zu zeigen.

Ach, der Tod ist tückisch, ohne Frage,
Doch wie hilfreich gegen manch Verderben
War der Fakt, dass in prekärer Lage
Ich geboren wurde, statt zu sterben!

* * *

Не смотри на годы, не смотри,
Не живи календарю в угоду.
Мы отменим все календари,
Чтоб тебя не торопили годы,

Чтоб, не омрачая небосвода,
Проносилось время над тобой,
Чтоб была ты вечно молодой,
Как тебя задумала природа.

* * *

Liebste, lass die Jahre außer Acht,
Vom Kalender lass dich niemals treiben,
Denn wir schaffen die Kalender ab,
Sollst verschont vom Druck der Jahre bleiben.

Nicht verdunkeln soll der Lauf der Jahre
Dir die strahlend helle Himmelsflur.
So, wie dich geschaffen die Natur,
Soll sie dir die Jugend stets bewahren.

* * *

Краснеет солнце на закате,
Краснеет солнце на рассвете.
Оно краснеет, на ночь глядя,
Расставшись с ней и снова встретясь.

И день немало озабочен,
Гадает, но спросить не смеет:
Что делало светило ночью,
Что утром так оно краснеет?

* * *

Die Sonne, sie wird rot am Abend,
Schon halb vom Arm der Nacht umschlungen,
Und früh, in tiefem Rot erstrahlend,
Schwebt sie empor, der Nacht entsprungen.

Der junge Tag hat es gesehen
Und rätselt voll geheimer Sorgen:
Was ist der Sonne nachts geschehen,
Dass sie so rot wird früh am Morgen?

Суд Париса

Войдите в положение Париса:
Он выбирает всё же из богинь.
У них и стан стройнее кипариса,
И воспитанье – не в пример другим.
Ну, словом, все богини в лучшем виде.
Парис не хочет никого обидеть,
Он очень мягкий человек, Парис.
И, пользуясь своей судейской властью,
Он разрезает яблоко на части
И всем троим вручает первый приз.
«Ну, вы видали этого кретина? –
Вскричала возмущённая Афина. –
Он у меня отрезал два куска!»
«Нет, у меня … Ну парень, погоди ты!» –
Сердито пригрозила Афродита,
На остальных взирая свысока.
А Гера, настоящая мегера,
Металась, как пантера по вольеру,
Грозя сослать Париса на галеры,
Суля ему холеру и чуму.
А он не знал, за что такая участь.
И он стоял, казня себя и мучась
И вопрошая небо:
                            «Почему?»

Ein Urteil des Paris

Stellt euch nur vor des jungen Paris' Lage:
Er hat ja zwischen Göttinnen die Wahl.
Zypressenschlank sind sie, ganz ohne Frage,
Und die Erziehung, sie ist ideal.
Nun, kurz gesagt – die drei sind ohne Tadel,
Und Paris möchte keiner Göttin schaden.
Er ist noch ohne Arg, sein Herz ist weich.
Als Richter will er unparteiisch bleiben,
Zerschneidet flugs den Apfel in drei Scheiben
Und händigt jeder ein den ersten Preis.
„O welch ein Dummkopf! O welch blöde Szene!",
Schrie aufgeregt und tief empört Athene,
„Zwei Stücke dieses Apfels er mir nahm!"
„Nein, meine sinds! Du sollst dich vor mir hüten!",
Sprach zornig zu dem Jüngling Aphrodite
Und sah von oben her die andern an.
Die Hera, eine richtige Megäre,
Sprang wie ein Pantherweib in der Voliere
Und schrie, sie bringt ihn weg auf die Galeere,
Schickt Cholera und Pest ihm auf den Hals.
Der Jüngling aber wusste keinen Rat sich,
Betroffen, dass sie schimpften so barbarisch,
Drum fragte er den Himmel:
                                    „Sag, weshalb?"

Мушкётеры

Бражники, задиры, смельчаки,
Словом, – настоящие мужчины...
Молодеют в зале старики,
Женщины вздыхают беспричинно.
Горбятся почтенные отцы:
Их мечты – увы! – не так богаты.
Им бы хоть бы раз свести концы
Не клинков, а собственной зарплаты.
Но зовёт их дивная страна,
Распрямляет согнутые спины, –
Потому что женщина, жена
Хочет рядом чувствовать мужчину.
Бой окончен. Выпито вино.
Мир чудесный скрылся за экраном.
Женщины выходят из кино.
Каждая уходит с д'Артаньяном.

Musketiere

Haudegen und Zecher, unverzagt,
Kurzum – echte, ideale Männer ...
Greise werden jünger hier im Saal,
Und die Frauen seufzen ohne Ende.
Würdevolle Väter ducken sich;
Ihre Träume, sie sind recht bescheiden.
Statt an Ruhm zu denken, grübeln sie:
Wird das Geld bis ultimo wohl reichen?
Doch das schöne Land, es ruft sie auf,
Richtet krumme Rücken wieder grade,
Denn die Partnerinnen, Ehefraun
Wollen echte Männer um sich haben.
Aus ist nun der Kampf, kein Wein mehr da.
Von der Rolle ist der Film gelaufen.
Jede Frau, die in dem Kino war,
Geht mit einem d'Artagnan nach Hause.

Скептическая песня

Приумолкли в рощах соловьи,
Огрубели нежные натуры.
Кто сегодня сохнет от любви?
Все сегодня сохнут для фигуры.

И хотя красавиц в мире тьма,
Больше, чем каких-нибудь уродов,
Всё-таки мужчины без ума
Не от них, а чаще от природы.

И хотя мужчина может быть
Умным, сильным, даже знаменитым, –
Как его без памяти любить,
Если память прежними забита?

Но любовь по-прежнему живит,
Услаждает, холит и лелеет.
Кто сегодня сохнет от любви?
От любви не сохнут, а толстеют.

Skeptisches Lied

In den Parks, da schlagen Nachtigalln nicht mehr.
Gröber wurden zärtliche Naturen.
Wer nimmt noch vor Liebe ab – ja wer?
Alle hungern heut für die Figuren.

Und obwohl es rings, wohin man blickt,
Schöne Frauen gibt, als sei's im Kurhaus,
Sind die Männer oftmals zwar verrückt,
Aber nicht nach ihnen – von Natur aus.

Und obwohl ein neuer, guter Mann
Klug sein kann, berühmt gar, groß und kräftig,
Wie kann sie ihn stürmisch lieben dann,
Wenn sie mit Verflossnen sich beschäftigt?

Doch noch immer gilt: die Liebe labt,
Sie belebt, verjüngt uns, macht gesunder ...
Wer nimmt denn vor Liebe heut noch ab?
Von der Liebe wird man heute runder.

Ромашка

Не ведавший иных дорог,
Чем в небеса – из чёрной глуби,
Всё знает маленький цветок:
Кто любит нас, а кто не любит.

Он разговор ведёт всерьёз
И не бросает слов на ветер.
На каждый заданный вопрос
Он головой своей ответит.

И самому себе не впрок
До лепестка себя растратит...
Цветок,
Как истинный пророк,
За слово правды
Жизнью платит.

Kamillenblüte

Ich kenn ein Blümchen wunderbar,
Das aus der Erde sich ans Licht schiebt.
Allwissend ist es und sagt wahr –
Sagt, wer dich liebt und wer dich nicht liebt.

Dies Blümchen spricht gar ernsthaft dir,
Wird in den Wind kein Wörtchen reden,
Doch mit dem Kopfe couragiert
Auf deine Frage Antwort geben.

Und wenn die Blüte nicht verdorrt,
Bleibt sie Prophet, bereit, trotz Qualen
Sofort
Ein einzig wahres Wort
Mit ihrem Leben
Zu bezahlen.

Взгляд

На солнце щурился малыш,
Вертя в руке кристалл:
Вот так посмотришь –
Камень рыж,
Вот так посмотришь –
Ал.
А так посмотришь –
Камень жёлт.

Малыш ещё не знал,
Что мир, в который он пришёл, –
Один большой кристалл.

И жизнь, что будет впереди,
Окажется такой:
Из детства смотришь –
Цвет один,
Из старости –
Другой.

Der Blick

Ein Knirps, der dreht im Sonnenschein
Ein Stückchen Bergkristall:
Schaut drauf er so –
Glänzt braun der Stein,
Dann so –
Da strahlt er rot.
Und schließlich so –
Er schimmert gelb.

Der Knirps lernt später mal:
Die ganze riesengroße Welt,
Sie ist ja ein Kristall.

Mit seiner eignen Lebenszeit
Verhält sichs ebenso:
Als Kind sieht er
Die Farbe eins,
Als Greis –
Die Farbe zwo.

Комариная ночь

В комариную ночь
Мне сказал мой малыш,
Раскрывая большой
Комариный секрет,

Отчего комары,
Комариную тишь
Протыкая насквозь,
Прилетают на свет.

Вы не смейтесь, пожалуйста,
Будьте добры!
Все великие истины
Очень просты.

Отчего они к свету летят,
Комары?
Потому что боятся они
Темноты.

Flogen Mücken des Nachts

Flogen Mücken des Nachts
Und mein Söhnchen verriet
Ein Geheimnis mir leis,
Das ihm kam in den Sinn:

Warum Mücken denn wohl,
Wenn die Nacht sie umgibt,
Streben sirrend und sacht
Zu den Lichtkreisen hin.

Doch ich bitte euch, lacht jetzt nicht,
Höret mich an!
All die tiefesten Wahrheiten
Sind ganz profan.

Warum fliegen zum Lichte sie her
Allezeit?
Ach, sie fürchten das eine so sehr:
Dunkelheit.

защиту Януса

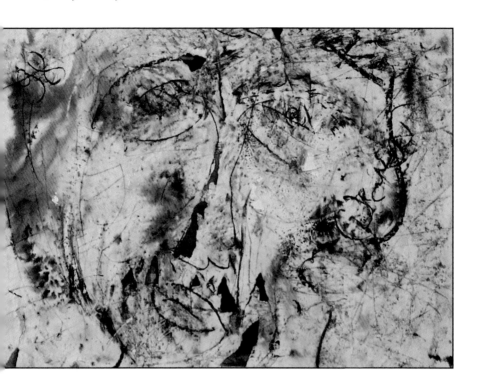

erteidigung des Janus

Признание

Воспитанием дорожа,
Путь держа на вершины культуры,
Я спрошу: вы видали ежа?
Вот такую бы мне шевелюру!

Жизнь тревог и волнений полна,
И страстей, и раздумий, – но всё же
Я спрошу: вы видали слона?
Вот бы мне его толстую кожу!

Не хочу я рядиться в слова,
Мне бы действовать прямо и грубо.
Я спрошу вас: вы видели льва?
Вот бы мне его когти и зубы!

Нелегко мне, друзья, нелегко
На вершине двадцатого века:
У меня ни когтей, ни клыков...
Остаётся мне быть человеком.

Bekenntnis

Nun, Erziehung hab ich – gut und schön,
Stürm die Höhn der Kultur, doch ich frage:
Habt ihr mal einen Igel gesehn?
Solch Frisur hätt ich gern alle Tage!

Um uns her Not und Ängste entstehn,
Manche Leidenschaft quält, und ich frage:
Habt ihr mal Elefanten gesehn?
Ach, solch dicke Haut würd ich gern tragen!

Schmück ich mich mit der Worte Getön,
Nützt es wenig. Dies macht, dass ich frage:
Habt ihr mal einen Löwen gesehn?
Hätt ich Krallen, dann könnt ich was wagen!

Gar nicht leicht hab ichs, Freunde, sehts ein,
Auf der Höhe des alten Jahrhunderts:
Weder Stacheln noch Krallen sind mein ...
Bleib ein Mensch nur, es darf euch nicht wundern.

Корабль

Сидящий на корме лелеял мысль одну:
«Чтоб вверх подняться мне, пусть нос пойдёт ко дну».
А тот, что сел на нос, в пучину слал корму,
Мечтал, чтоб удалось подняться вверх ему.

И было решено моленьям слёзным внять:
Пошёл ко дну корабль, тиха морская гладь.
И где-то там, на дне, клянут неправый суд
Сидящий на корме с сидящим на носу.

Das Schiff

Der auf dem Heckteil sitzt, hat einen heißen Wunsch:
Damit ich höher komm, der Bug sink auf den Grund!
Doch vorne auf dem Bug, da wünscht ein andrer Mann:
Das Heck soll untergehn, damit ich steigen kann!

Die Bitten dieser zwei, sie werden prompt erfüllt:
Das Schiff sinkt auf den Grund, glatt ist des Meeres Bild.
Und ewig lamentiern an jenes Schiffes Deck
Der vorne auf dem Bug, der hinten auf dem Heck.

* * *

С рассвета не стихает бой:
За часом час, не зная страха,
Ленивый борется с собой,
Сам на себя идёт в атаку.

То он сражает, то сражён,
То вновь герой на поле брани...
Он победил! А с виду он
Лежит спокойно на диване.

* * *

Schon seit dem ersten Morgenlicht
Stürmt mutig vor so wie Kosaken
Im Kampfe gegens eigne Ich
Der Faulpelz zur Frontalattacke.

Mal ist er Sieger, mal besiegt,
Facht unentwegt den wilden Kampf an ...
Der Sieg ist sein! Und dabei liegt,
Wie's scheint, er friedlich auf dem Diwan.

В защиту Януса

Не беда, что Янус был двулик,
В общем-то он жизнь достойно прожил.
Пусть он был одним лицом ничтожен,
Но зато другим лицом – велик.
Пусть в одном лице он был пройдоха,
Но в другом бесхитростно правдив.
Пусть с людьми бывал несправедлив,
Но с начальством вёл себя неплохо.
Можно заявить авторитетно:
Не беда, что Янус был двулик.
Для того, кто к Янусу привык,
Это было даже незаметно.
Разве что порой случится грех,
И сдержаться Янус не сумеет:
Побледнеет, глядя снизу вверх,
Глядя сверху вниз – побагровеет.
Был он тих, зато бывал и лих.
Если ж то и это подытожить, –
Не беда, что Янус был двулик,
В среднем он считается хорошим.

Verteidigung des Janus

Schlimm ists nicht, dass Janus zwei Gesichter hat.
Recht normal verlief des Mannes Leben.
Ein Gesicht, es wirkt erbärmlich, zugegeben,
Doch das andre, es verrät: ein Herrscher naht.
In dem einen Antlitz war er zwar durchtrieben,
Dafür aber in dem andren ziemlich brav.
War zu seinesgleichen er auch ekelhaft,
Ist zu Chefs stets artig er geblieben.
So kann man mit Fug und Recht erklären:
Schlimm ists nicht, dass Janus zwei Gesichter hat.
Wer an ihn gcwöhnt war, oft ihn sah,
Merkte es nicht mal, ließ ihn gewähren.
Manchmal nur geschah ein Missgeschick,
Es gelang ihm nicht, sich zu beherrschen:
Er schaut aufwärts – bleich wird sein Gesicht,
Abwärts schaut er – zornrot wird sichs färben.
Er war still, jedoch auch obstinat.
Die Bilanz fällt aus, wie wirs vermuten:
Schlimm ists nicht, dass Janus zwei Gesichter hat,
Denn im Durchschnitt ist er ja ein Guter.

Критика

Осуждали путники осину,
Что на ней не зреют апельсины.
Под осиной сидя в жаркий день,
На осину наводили тень.

И такое было не однажды,
В мире так ведётся искони:
Бросить тень из нас умеет каждый,
Но не в каждой спрячешься тени.

Kritik

Wandrer warfen Schatten auf die Espe:
„Trägst ja nicht Orangen an den Ästen!"
Dies geschah an einem heißen Tag,
Als der Baum den Wandrern Schatten gab.

Eine Regel wirkt in solchem Falle,
Setzt seit altersher sich zu uns fort:
Schatten werfen, das vermögen alle,
Doch nicht jeder dient als Zufluchtsort.

Комедия масок

Простак, Убийца и Король,
Играя без подсказки,
Со временем входили в роль
И привыкали к маске.

И даже кончив свой спектакль
И сняв колпак бумажный,
Держался простаком Простак,
Убийца крови жаждал.

Скупец копил, транжирил Мот,
Обжора плотно ужинал,
Любовник всё никак не мог
Вернуться к роли мужа.

И не поймёшь в конце концов:
Где правда, а где сказка.
Где настоящее лицо,
А где всего лишь маска.

Maskenkomödie

Als König, Mörder, Dummerjan
Ihr Rollenspiel erfassten,
Da wandten sie's auch sonstwo an,
Gewöhnt an ihre Masken.

Das Stück ist aus, die Kappen ruhn
Bei andren Requisiten,
Doch närrisch bleibt des Narren Tun
Und bös das vom Banditen.

Der Geizhals geizt, der Prasser prasst,
Der Fresssack frisst verwegen
Und dem Verführer wird zur Last
Das brave Eheleben.

Am Ende kannst du nicht verstehn:
Ists Wahrheit? Sinds Phantasmen?
Wer ist denn so, wie wir ihn sehn,
Und wer steckt hinter Masken?

* * *

Как от солнца тает снег,
Как хлеба под солнцем зреют,
Так и добрый человек
От добра ещё добреет.

Как от солнечных лучей
Глина сохнет и твердеет,
Так всё твёрже, всё грубей
От добра душа злодея.

* * *

So wie Schnee bei Sonne schmilzt,
Korn reift in der Sonne Strahlen,
So wird manch ein guter Mensch
Durch das Gute noch geadelt.

So wie warmes Sonnenlicht
Ausdörrt lehmig harte Erde,
So lässt manchen Bösewicht
Gutes nur noch böser werden.

Коловращение

Больной пообещал
За то, чтоб стать здоровым,
Отдать своим врачам
Последнюю корову.

И он здоровым стал.
Но, в тяжком бескоровье,
Он за неё отдал
Последнее здоровье.

И снова обещал
Отдать врачам корову.
И снова обнищал,
Но стал зато здоровым.

Ну прямо колдовство,
Коловращенье света:
Есть это – нет того,
Есть то – исчезло это.

Кто этому виной?
Вопрос не пустяковый.
Здоровье?
Врач?
Больной?
А может быть – корова?

Teufelskreis

Ein kranker Bauer sprach:
„Heilt, Ärzte, ihr mich alle,
Geb ich als Honorar
Die letzte Kuh im Stalle!"

Schon bald geht es ihm gut,
Jedoch ihm fehlt das Tier sehr.
Für eine neue Kuh
Gibt die Gesundheit hin er.

Drum wird er wiedcrum
Die Kuh den Ärzten geben,
Um wiederum – wie dumm! –
Gesund, doch arm zu leben.

Ach, Hexerei ists fast,
Ein Kreislauf ohnegleichen –
Wenn du das Eine hast,
Muss schon das Andre weichen.

Und wer ist schuld am End?
Die Frage stört beim Schlafen.
Gesundheit?
Arzt?
Patient?
Ists gar die Kuh, die brave?

* * *

Трусливый опыт любит с нами
Делиться мудростью своей.
Но вы не слушайте! Смелей!
Теряйте почву под ногами!

У вас высокие пути,
Вот ваша взлётная площадка.
А почву можно обрести,
Когда пойдёте на посадку.

* * *

Wie oft will uns Erfahrung lehren,
Dass kühnes Streben sich nicht lohnt ...
Ach, hört nicht auf solch falschen Ton!
Stoßt ab euch von der Mutter Erde!

Ihr startet von des Lebens Bahn
In lichte Höhen wie ein Flieger.
Und setzt ihr einst zur Landung an,
Gewinnt ihr Bodenhaftung wieder.

Простая история

Один счастливый человек
Не знал, что он счастливый.
Ему казался чёрным снег
И небо некрасивым.
И обвинял он в этом всех:
Судьбу, жену, соседа.
Но был счастливым человек,
Хоть сам о том не ведал.

Когда совсем не стало сил
От этих горьких мыслей,
Счастливый человек решил
Покончить счёты с жизнью.
Поглубже пропасть отыскал
И бросился с обрыва...
Но и тогда ещё не знал
О том, что он счастливый.

И всё осталось позади,
Не мучит, не тревожит...
Раздайся, небо! Он летит,
Хоть он летать не может.
Но он летит, но он летит
Так просто и красиво,
Что птицы на его пути
Завидуют: счастливый!

Ein Held unserer Zeit

Krimis liebt der Hase sehr –
Wünscht, dass er erstarrt,
Wenn ein Schrecken ihn durchfährt,
Wie ein Messer scharf.
Ach wie liest ers mit Genuss,
Ist ganz aufgeregt,
Weil ja unter jedem Busch
Sich ein Feind versteckt.
In der Stunde der Gewalt
Sieht er sich allein
Schleichen durch den dunklen Wald,
Waffe hin zum Feind.
Vorn der Wolf verwischt die Spur,
Dass man sie nicht sieht.
Alter Kerl, na warte nur,
Hab dich gleich, Bandit!
Wolf, er flieht, so schnell er kann,
Tiefer ins Gebüsch,
Und an einen Kiefernstamm
Presst er sich ganz dicht.
Doch Pistolen richten sich
Drohend auf den Wolf,
Der nun knurrt: „Du hast gesiegt!
Schieß nicht mit dem Colt!“
Schnauze zu, gesenkt den Blick,
Schüchtern Aug und Ohr,
Fragt der Wolf: „Ach könnten Sie
Warten, Herr Major?“

А майор ему: «Шалишь,
Ну тебя совсем!
Погодишь, как загудишь
Этак лет на семь!»
Любит заяц детектив,
Чтоб под сердце нож.
Там он смел и справедлив,
Там он всем хорош.
Ну, а в жизни он другой,
Сам себе не люб.
Выбивает дробь ногой,
Зубом бьёт о зуб.
Не вписать ему в актив
Выправку и стать...
Дайте зайцу детектив,
Чтоб героем стать.

Der Major darauf: „Du hast
Null Prozent Verstand!
Warten wirst du selbst, im Knast,
Sieben Jahre lang!"
Krimis mag der Hase sehr,
Wie ein Messer scharf.
Da ist er so hoch geehrt,
Weil er tapfer war.
Doch im Leben hat ers schwer,
So ein Kerl zu sein.
Zähneklappernd trommelt er
Auf den Boden ein.
Nein, sehr mutig ist es nicht,
Wie er sich verhält ...
Aber gebt ihr Krimis ihm,
Dann wird er ein Held.

Однажды…

Я начал сказку так: «Однажды заяц…»
Потом чуть-чуть помедлил, сомневаясь.
Потом, сомнения преодолев,
Я начал сказку так: «Однажды лев…»
Потом сравнил я эти два «однажды»,
Сообразил, что так бывает с каждым,
Кто, в чём-то струсив, в чём-то осмелев,
Однажды – заяц, а однажды – лев.
Конечно, львом не трудно стать, когда ты
Устроился на львиную зарплату
И гаркаешь на всех не хуже льва,
Употребляя львиные слова.
Конечно, зайцем можешь стать легко ты,
Когда тебя грозятся снять с работы,
Соседи травят, у жены мигрень
И в школу вызывают каждый день.
Всё это так знакомо… Но однажды…
«Однажды» труса делает отважным,
Из робких зайцев делает мужчин.
И это – сказки доблестный зачин!
Однажды в сказке может всё случиться.
А кто за остальное поручится?
Ведь даже сказка – в этом весь секрет –
Однажды – сказка, а однажды – нет.

Einmal ...

Mein Märchen fing ich an: „Es war einmal ein Hase ..."
Hier stockte ich, weil Zweifel in mir saßen.
Die überwand ich und begann es neu,
Das Märchen, mit dem Satz: „Es war einmal ein Leu ..."
Drauf hab ich die zwei „einmal" rasch verglichen
Und bin nicht der Erkenntnis ausgewichen,
Dass jeder, dem Bedrängnis widerfuhr,
Mal Löwe sein kann und mal Hase nur.
Ein Löwe sein, es ist nicht allzu schwierig,
Wenn ein Gehalt für Löwen dir spendiert wird
Und wenn du all die andern anschrein darfst
Mit Löwenworten und auf Löwenart.
Doch auch zum Hasen wirst du leicht, statt zu verrohen,
Wenn sie mit Rausschmiss aus der Arbeit drohen,
Wenn Nachbarn schimpfen, deine Frau Migräne hat
Und man dich vorlädt in die Schule Tag für Tag.
So ists halt. Doch kann „einmal" viel verändern:
Verwandelt Feiglinge in wackre Männer,
Dem bangherzigen Hasen gibt es Mut,
Auf dem des Märchens edle Tat beruht.
Ach, einmal möglich ist im Märchen alles.
Doch wer verbürgt sich für die andren Male?
Denn selbst das Märchen – dies sei mein Bericht –
Ist mal ein Märchen, aber mal auch nicht.

Ходят по городу воспоминания

Поздним ли вечером,
Утром ли ранним,
Шляпы немодные заломив,
Ходят по городу воспоминания
И заговаривают с людьми.

Каждая улица ими заполнена,
Библиотека, рынок, почтамт...
– Помните?
    – Помните?
        – Помните?
            – Помните?
Ходят за нами они по пятам.

Где-то стоят у подъездов до полночи,
Ездят в автобусах.
И в кино
Смотрят не то, что другие,
А – помните? –
Фильмы, которые были давно.

То отдыхают,
Усевшись на проводе,
То кувыркаются на снегу...
– Помните?
    – Помните?
        – Помните?
            – Помните?
Только и слышно на каждом шагу.

Gehn durch das Städtchen vieltausend Erinnrungen

Sei es zur Abendzeit,
Sei es am Morgen,
Gehen, geknifft ihren Hut alten Schnitts,
Hin durch das Städtchen vieltausend Erinnrungen,
Reden mit Leuten auf Schritt und Tritt.

Jedwede Straße ist voller Erinnrungen
Wie auch die Post, die Bibliothek ...
„Wisst ihr noch?“
　„Wisst ihr noch?“
　　„Wisst ihr noch?“
　　　„Wisst ihr noch?“ –
Laufen Erinnrungen uns übern Weg.

Sieh – vor den Haustüren stehn sie bis Mitternacht.
Fahrn mit dem Omnibus.
Und im Kinosaal
Sehn sie nicht das, was andere sehen,
Sondern – „wisst ihr noch?“ –
Uralte Filme, die's früher mal gab.

Mal sind sie müde,
Ruhn aus sich auf Rohren,
Tummeln ein andermal sich im Schnee ...
„Wisst ihr noch?“
　„Wisst ihr noch?“
　　„Wisst ihr noch?“
　　　„Wisst ihr noch?“
Hört man es rufen, wohin man auch geht.

Воспоминания, воспоминания,
Что за привычка людей окликать?
Время к потомкам спешит на свидание,
Право, не стоит его отвлекать.

Может быть, здесь,
Возле этого здания,
Мимо которого нынче иду,
Стану я тоже воспоминанием,
Буду сидеть на скамейке в саду.

Я постараюсь не ныть и не хмуриться,
Бодро держаться, как будто я жив.
Буду ходить по бульварам и улицам,
Шляпу немодную заломив.

Буду бродить возле вашего дома я,
Но до того истончусь, что – как знать? –
Вы меня, прежде такого знакомого,
Можете вспомнить – и не узнать.

Ach, ihr Erinnrungen, die ihr stets um uns seid,
Warum drängt ihr euch den Menschen so auf?
Wo doch die Zeit mit Macht hin zu den Enkeln eilt,
Hemmt ihr der Zeitfolge emsigen Lauf.

Kann ja sein: hier,
Bei dem Haus mit der Einfriedung,
Wo beim Spaziergang ihr heut mich gewahrt,
Werd ich einst selber zu einer Erinnerung,
Sitze ganz still auf dem Bänkchen im Park.

Will nicht ins Jammern der anderen einstimmen,
Will suggeriern, dass am Leben ich bin,
Und in dem Strome der Fußgänger mitschwimmend,
Gehe, den Hut eingeknifft, ich dahin.

Um euer Haus werd ich achtsam herumstreifen,
Bin aber dann ein so dünnes Fragment,
Dass sogar ihr, die gekannt mich seit Urzeiten,
Euch zwar erinnert – doch kaum mich erkennt.

руги на песке

reise im Sand

Сократ

– В споре рождается истина!
– Что ты, Сократ, не надо!
Спорить с богами бессмысленно,
Выпей-ка лучше яду!
– Пей! Говорят по-гречески!
– Просят как человека!

Так осудило жречество
Самого мудрого грека.

Праведность – дело верное.
Правда карается строго.
Но не боялись смертные
Выступить против Бога.
Против его бессмысленных,
Бесчеловечных догматов.

В спорах рождались истины.
И умирали сократы.

Sokrates

„Wahrheit ergibt im Streite sich!"
„Sokrates, sollst nicht mehr sprechen!
Streit mit den Göttern ist unsinnig,
Trink lieber Gift aus dem Becher!
Trink, wir sagens im Guten dir,
Bitten dich, stirb in Frieden!"

So haben hin in den Tod geführt
Priester den weisesten Griechen.

Heiligkeit ist ein ehern Ding.
Wahrheit bestraft man mit Strenge.
Dennoch getrauten sich Sterbliche,
Gegen den Gott anzurennen,
Gegen das Sinnlose seines Bescheids,
Das in Dogmen Erstarrte ...

Wahrheiten wurden geboren im Streit.
Und Sokratesse, sie starben.

Рядом с мудростью

Верная, примерная Ксантиппа,
Как ты любишь своего Сократа!
Охраняешь ты его от гриппа,
От друзей,
От водки,
От разврата,
От больших и малых огорчений,
От порывов, низких и высоких,
От волнений,
Лишних впечатлений,
От весьма опасных философий,
От суждений,
Слишком справедливых,
Изречений,
Чересчур крылатых...
Хочешь ты, чтоб был твой муж счастливым.
Но тогда не быть ему Сократом.

Gefährtin der Weisheit

Treues Weib, o feenhafte Xanthippe,
Deinen Sokrates liebst du unfassbar!
Ihn bewahrst du vor der kleinsten Grippe,
Auch vor Freunden,
Wein
Und andren Lastern,
Vor den Sorgen, kleinen wie auch großen,
Vor Impulsen, edlen und gemeinen,
Vor Gefühlen,
Die im Herzen tosen,
Und vor Lehren, die gefährlich scheinen,
Vor den Urteilen,
Den zu gerechten,
Vor den Sprüchen,
Jenen allzu weisen …
Wünschst: dem Mann solls nie an Glück gebrechen!
Doch dann kann er Sokrates nicht heißen.

Круги на песке

Не троньте, не троньте его кругов,
Не троньте кругов Архимеда!
– Кругов? –
Улыбнулся один из врагов.
Он мудрости этой не ведал.
Быть может, нужна эта мудрость другим,
Солдату ж она – обуза.
Ему приказал благородный Рим,
И он пришёл в Сиракузы.
Он шёл, пожиная плоды побед,
На зависть сынам и внукам.
И вдруг – незнакомый ему Архимед
С какой-то своей наукой.
– К чему говорить о таком пустяке? –
Спросил победитель с улыбкой.
– Ты строишь расчёты свои на песке,
На почве особенно зыбкой. –
Сказал – и услышал ответ старика:
– Солдат, вы меня извините,
Но мудрость жива и в зыбучих песках,
А глупость мертва и в граните. –
Солдат был к дискуссии не готов,
И он завершил беседу:
– Старик, я не трону твоих кругов. –
Сказал – и убил Архимеда.
И прочь пошагал – покорять города,
Себе пожелав удачи.
Кто жив, а кто мёртв – он решил без труда,

Kreise im Sand

Ach lasst doch, ach lasst doch die Kreise in Ruh!
Stört nicht archimedische Kreise!
„Die Kreise?“
Der Krieger, er grinste dazu,
Begriff nicht die Lehre des Weisen.
Vielleicht braucht ein andrer die Kreise im Sand,
Doch nutzlos sind sie für den Krieger.
Der kam auf Befehl aus dem römischen Land,
Syrakus zu entreißen den Griechen.
Die siegreiche Schlacht verschaffte ihm dann
Nicht Lob nur, sondern auch Ehre.
Was galt ihm da dieser uralte Mann
Mit irgendsoeiner Lehre!
„Was sprichst du von solcher Nichtigkeit?“,
Fragte spöttisch lächelnd der Krieger,
„Was du in den Sand malst, es stiehlt nur Zeit,
Zerbröckelt morgen schon wieder!“
Archimedes erwiderte kurz und markant:
„Verzeihung, Soldat, glaubt mir eines:
Die Weisheit, sie lebt selbst in bröckligem Sand,
Doch die Dummheit bleibt tot auch im Steine.“
Der Krieger, er war nicht bereit zum Disput
Und beendete so seine Rede:
„Nun, Alter, ich stör nicht die Kreise, machs gut!“
Sprachs – und erschlug Archimedes.
Zog davon, zu erobern manch weiteres Reich,
Wünschte Erfolg sich im Kriege.
Wer lebt und wer tot ist, entschied er leicht,

Но время решило иначе.
Оно с недостойных срывает венец,
Другим присуждая победу.
И троям, и римам приходит конец,
Но живы круги Архимеда.

Doch die Zeit hat es anders entschieden.
Wem der Kranz nicht gebührt, dem entwindet sie ihn,
Um ihn dem, ders verdient hat, zu geben.
Manch mächtiges Reich schwindet schließlich dahin –
Archimedische Kreise, sie leben.

Бочка

Диоген получил квартиру.
После тесной и душной бочки
Стал он барином и жуиром,
Перестал скучать в одиночку.
Всем доволен, всем обеспечен,
Он усваивал новый опыт.
Иногда у него под вечер
Собирались отцы Синопа, –
Те, что прежде его корили,
Те, что прежде смотрели косо...

Но всё чаще в своей квартире
Тосковал Диоген-философ.

И тогда, заперев квартиру,
Не додумав мысли до точки,
Шёл к соседнему он трактиру...

Диогена тянуло к бочке.

Das Fass

Diogenes zog in ein Häuschen.
Als das enge Fass er verlassen,
Da genoss er des Wohlstands Freuden,
Und Einsamkeit, die vergaß er.
War zufrieden, von Not nicht betroffen,
Hat viel Neues gehört und gelesen.
Und die Stadtväter von Sinope
Sind bei ihm manchmal abends gewesen.
Früher hatten sie scheel angesehen
Jenen Mann, der da saß in der Tonne ...

Aber hier nun im Haus hat der Denker
Immer öfter Sehnsucht bekommen.

Dann verschloss er die Tür seines Hauses,
Hat Gedanken Gedanken sein lassen,
Ging zur Schenke, der längst ihm vertrauten ...

Diogenes zog es zum Fasse.

Санчо Панса

Санчо Панса, трезвый человек,
Человек не сердца, а расчёта,
Вот уже подряд который век
Ходит на могилу Дон-Кихота.
И уже не бредом, не игрой
Обернулись мельничные крылья...
Старый рыцарь – это был герой.
А сегодня он лежит в могиле.
Был старик до подвигов охоч,
Не в пример иным из молодёжи.
Он старался каждому помочь,
А сегодня – кто ему поможет?
Снесены доспехи на чердак,
Замки перестроены в хоромы.
Старый рыцарь был большой чудак,
А сегодня – мыслят по-другому.
Видно, зря идальго прожил век,
Не стяжал он славы и почёта...
Санчо Панса, трезвый человек,
Ходит на могилу Дон-Кихота.

Sancho Pansa

Sancho Pansa, nüchtern eingestellt,
Jener Knappe, dessen Herz nicht lodert,
Geht noch immer hin zum Totenfeld
An das Grab vom Ritter Don Quijote.
Aus den Mühlenflügeln, die sich drehn,
Wird kein Wahn, kein Spiel mehr heutzutage ...
Ward der Ritter einst als Held gesehn,
So liegt heut vergessen er im Grabe.
Von verwegner Tat hat er geträumt,
Anders als manch andre junge Leute,
Hat, wenn Hilfe nottat, nicht gesäumt.
Doch wer hilft solch edlem Ritter heute?
Beim Gerümpel liegt die Rüstung nun,
Schlösser hat zu Villen man gestaltet.
Don Quijote war ein Unikum,
Doch heut denkt man anders als die Alten.
Nutzlos war der Ritter auf der Welt,
Wurde nicht geehrt, ward nur verspottet ...
Sancho Pansa, nüchtern eingestellt,
Geht ans Grab vom Ritter Don Quijote.

Наследие Декарта и Вийона

Соорудил я цепь простую
Из нескольких известных истин:
Я мыслю – значит, существую.
Я сомневаюсь – значит, мыслю.
Я вижу – значит, сомневаюсь,
Пусть это кажется бесспорным,
И, видя белое, пытаюсь
Его себе представить чёрным.
И тут же думаю: а может,
Не чёрный это цвет, а белый?
О, до чего же, до чего же
Мне сомневаться надоело!
Но от сомнений ненавистных
Нигде спасенья не найду я:
Я сомневаюсь – значит, мыслю,
А мыслю – значит, существую.

Das Erbe von Descartes und Villon

Gefügt hab ich aus längst Bekanntem
Mir in Gedanken eine Kette:
Ich denke – bin drum auch vorhanden.
Ich zweifle, und das heißt – ich denke.
Ich sehe – was besagt: ich zweifle,
Dies sollte außer Frage stehen,
Und treffe ich auf etwas Weißes,
Bemüh ich mich, es schwarz zu sehen.
Jedoch schon fällt mir ein: was aber,
Wenn ich es weiß seh, so wie alle?
Ach, glaubts nur: so mit mir zu hadern,
Das kann mir längst nicht mehr gefallen!
Doch Zweifel, Zweifel ohne Ende
Verfolgen mich, wo ich auch lande;
Ich zweifle – und das heißt: ich denke,
Ich denke – bin drum auch vorhanden.

Всё неживое хочет жить

Всё неживое хочет жить,
Мир согревать своим дыханьем,
Страдать, безумствовать, грешить...

Жизнь возникает из желанья.

У неживых желаний нет:
Лежишь ты камнем без движенья.
И это – всё? На сотни лет?

Жизнь возникает из сомненья.

Хоть сомневаться не дано
Тому, кто прочно занял место, –
Что место! Пропади оно!

Жизнь возникает из протеста.

Но как себя преодолеть,
Где взять и силу, и дерзанье?

Тут нужно только захотеть:
Жизнь возникает из желанья.

Es will gern leben, was nicht lebt

Es will gern leben, was nicht lebt,
Mit seinem Hauch die Welt erwärmen,
Von Leidenschaften tief bewegt.

Leben – das heißt: ich möchte gerne ...

Wer niemals lebt, der wünscht sich nichts.
Willst wie ein Fels du liegen bleiben,
Versklavt vom eigenen Gewicht?

Leben – das heißt: ich bin und zweifle.

Doch zweifeln dürfen jene kaum,
Die sich solide etablieren ...
Ach, fort mit dem Karrieretraum!

Leben – das heißt: ich protestiere!

Nur woher nimmt man Mut und Kraft,
Als strebe man in fernste Fernen?

Wenn du es willst, wird es geschafft.
Leben – das heißt: ich möchte gerne ...

Вначале было слово

Человек простой и неучёный,
Всей душой хозяина любя,
Пятница поверил в Робинзона,
Робинзон уверовал в себя.
Он уверовал в своё начало
И в свои особые права.
И – впервые слово прозвучало.
Робинзон произносил слова.
Первое пока ещё несмело,
Но смелей и твёрже всякий раз,
Потому что, став превыше дела,
Слово превращается в приказ.
И оно становится законом,
Преступать который – смертный грех.
Пятница – свободный человек,
Но он хочет верить в Робинзона.

Am Anfang war das Wort

Freitag – er war schlicht und ungebildet –
Liebte voller Inbrunst seinen Herrn,
Fügte gläubig sich in Crusoes Willen.
Robinson, er glaubte an sich gern,
Glaubte, dass er Sonderrechte habe,
Weil es ihm an Wissen nicht gebrach.
Und das erste Wort fiel an dem Tage,
Als zu dem Geretteten er sprach.
Ganz am Anfang schlicht noch und bescheiden,
Doch mit größrem Nachdruck ziemlich schnell,
Denn ein Wort, das Höhen überschreitet,
Wandelt unversehns sich zum Befehl.
Es erstarkt, wird zum Gesetz auf Dauer,
Das man niemals übertreten darf.
Freitag – frei von Fesseln ist er zwar,
Doch an Robinson will fest er glauben.

Скупые рыцари

Скупые рыцари не пьют шеломом Дону
И не пытают ратную судьбу.
Скупые рыцари, не выходя из дома,
Ведут свою смертельную борьбу.

И пыль на их дорогах не клубится,
На башнях их не выставлен дозор.
Трепещут занавески на бойницах.
Ковры на стенах умиляют взор.
И – вечный бой.
То явный бой, то скрытый –
За этот дом, за службу, за семью.
За каждый грамм налаженного быта,
Добытого в нерыцарском бою.

И всё же рыцарь – по натуре рыцарь.
И по ночам, наедине с собой,
Они не спят, и им покой не снится,
А снится самый настоящий бой.

Но не пробить им собственные стены,
Воды донской шеломом не испить.
Привычных уз мечом не разрубить –
Не вырваться из собственного плена.

Geizige Ritter

Geizige Ritter trinken aus dem Helm kein Wasser
Und suchen nicht im Kriegshandwerk ihr Glück.
Ganz ohne ihre Zimmer zu verlassen,
Bestehn sie schwere Kämpfe, Stück für Stück.

Staub wirbelt nicht umher auf ihren Wegen,
Kein Posten hält auf ihren Türmen Wacht.
Schießscharten sind von Vorhängen umgeben.
Manch Wandteppich dem Auge Freude macht.
Und – steter Kampf,
Mal offen, mal verborgen –
Um die Familie, um ihr Haus, ihr Amt,
Um allen Wohlstand, den sie sich erworben
In einem nicht sehr ritterlichen Kampf.

Und dennoch bleibt ein Ritter stets ein Ritter.
Und in der Nacht, wenn still im Bett er liegt,
Da träumt er nicht von sanften, leisen Riten –
O nein, er träumt von ritterlichem Krieg.

Jedoch solch Ritter stürmt nie eigne Wände,
Trinkt niemals Wasser aus dem Helm wie Wein,
Kann nicht die Fesseln mit dem Schwert durchtrennen
Und aus dem eignen Kerker sich befrein.

Йорик

Мне хочется во времена Шекспира,
Где всё решали шпага и рапира,
Где гордый Лир, властительный король,
Играл невыдающуюся роль.
Где Гамлет, хоть и долго колебался,
Но своего, однако, добивался.
Где храбрый Ричард среди бела дня
Мог предложить полцарства за коня.
Где клеветник и злопыхатель Яго
Марал людей, но не марал бумагу.
Где даже череп мёртвого шута
На мир глазницы пялил неспроста.
Мне хочется во времена Шекспира.
Я ровно в полночь выйду из квартиры,
Миную двор, пересеку проспект
И пошагаю...
Так, из века в век,
Приду я к незнакомому порогу.
Ссудит мне Шейлок денег на дорогу,
А храбрый Ричард своего коня.
Офелия, влюблённая в меня,
Протянет мне отточенную шпагу...
И я поверю искренности Яго,
Я за него вступлюсь, презрев испуг.
И друг Гораций, самый верный друг,
Меня сразит в жестоком поединке,
Чтобы потом справлять по мне поминки.
И будет это долгое Потом,
В котором я успею позабыть,
Что выпало мне – быть или не быть?
Героем – или попросту шутом?

Yorick

In Shakespeares Zeiten möcht ich mich begeben,
Wo alles man entschied mit spitzem Degen,
Wo König Lear, gebieterisch und stolz,
Nicht das erreichte, was er einst gewollt.
Wo Hamlet – zögernd, innerlich zerrissen –
Am Ende doch verfocht, was er begriffen.
Wo König Richard, der die Macht genoss,
Sein Reich hingeben wollte für ein Ross.
Wo Jago, dieser Intrigant und Schurke,
Aus Rachedurst zum Unheilsbringer wurde.
Wo selbst der Schädel des verwesten Narrn
Nicht grundlos in die Welt hinaus gestarrt.
In Shakespeares Zeiten möcht ich mich begeben.
Aus meiner Wohnung tret ich nachts, wenn eben
Es zwölf schlägt, überquere die Allee,
Marschiere los …
Und eh ich michs verseh,
Find ich mich auf des Mittelalters Schwelle.
Shylock borgt Wegegeld mir auf der Stelle
Und König Richard, er leiht mir sein Pferd.
Ophelia – sie liebt mich, bin ichs wert? –
Reicht her mir einen scharf geschliffnen Degen …
Die Furcht bezwingend, lass ich mich bewegen,
Ganz ohne Arg dem Jago beizustehn.
Hernach wird eine schlimme Tat geschehn:
Mein Freund Horatio, er wird mich erstechen,
Liest hinterher für mich die Totenmesse.
Im ewigen Danach, von Jahr zu Jahr,
Kann endlich ich vergessen das Problem
Von Sein und Nichtsein, das mich längst gelähmt:
Bin ich ein Held nun – oder nur ein Narr?

Путь к истине

Путь к истине точно такой же,
Как и от истины путь.
Он ничуть не длинее,
Он только труднее чуть-чуть.

На то, чтоб подняться к истине,
Можно потратить жизнь.
От истины нужно всего лишь
Скатиться кубарем вниз.

Всемирный закон притяжения,
Где ж постоянство твоё?
Притягивает нас истина,
А катимся мы – от неё.

Но всё ж, вопреки всем силам,
Которые тянут вниз,
Мы поднимаемся к истине
И тратим на это жизнь.

Der Weg zur Wahrheit

Der Weg hin zur Wahrheit, er gleicht ja
Jenem Weg, der hinweg von ihr führt.
Weder kürzer ist er noch weiter,
Nur schwerer, weil Ermüdung man spürt.

Will zum Gipfel der Wahrheit man steigen,
Reicht das Leben vielleicht nicht einmal.
Aber will man der Wahrheit entweichen,
Purzelt einfach hinab man ins Tal.

Du Anziehungskraft, du Naturgesetz,
Wo bleibt deine Beständigkeit hier?
Die Wahrheit zieht an, ist hochgeschätzt,
Doch wir purzeln hinweg von ihr!

Und doch – trotz der Kräfte und Gründe,
Die in die Tiefe uns ziehn,
Steigen bergwärts wir, Wahrheit zu finden,
Streben lebenslang zu ihr hin.

Мысль

Нерешительно, робко и словно боясь,
Что её истолкуют превратно,
Мысль выходит из дома,
Где она родилась,
И не помнит дороги обратно.

И блуждает она в суматохе толпы,
Всё кого-то зовёт, окликает.
И стучится в чужие,
Неприступные лбы, –
Но её никуда не пускают.

И смеётся над ней проходящий народ,
Никому она здесь не понятна.
И привратники гонят
Её от ворот –
Те, что мысли толкуют превратно.

Вдруг – распахнуты двери, запреты сняты,
Вдруг овации грянули громом.
Ей белейшие под ноги
Стелют листы,
И она в каждом доме – как дома.

И открылись сердца, и улыбки зажглись,
Все довольны, и всё идеально.
Вам она незнакома?
Прекрасная мысль!
Но теперь она слишком банальна.

Ein Gedanke

Unentschlossen und schüchtern, von Ängsten genarrt,
Dass man überall falsch ihn verstünde,
Geht hinaus aus dem Hause,
Wo geboren er ward,
Ein Gedanke, der heim nicht mehr findet.

Rufe sendet er manchem verständigen Hirn,
Wie verloren durchs Menschenmeer treibend,
Klopft an diese und jene
Fest verschlossene Stirn,
Aber nirgendwo darf er hineingehn.

Die brodelnde Menge, sie lacht ihn nur aus,
Keiner weiß den Gedanken zu deuten.
Und die Torwächter jagen
Zum Tor ihn hinaus –
Sie, die Falsches verkünden den Leuten.

Plötzlich öffnen sich Türen, hin ist das Verbot,
Beifallsstürme beginnen zu brausen.
Blätter weißer als Schneeflaum
Bringt man dar ihm devot,
Und in jedem Haus ist er zu Hause.

Und die Herzen gehn auf, und man lächelt entzückt,
Der Gedanke verzaubert buchstäblich.
Kannten Sie ihn denn gar nicht?
Wie er uns beglückt!
Aber nun ist er viel zu alltäglich.

з поэмы «Фома Мюнцер»

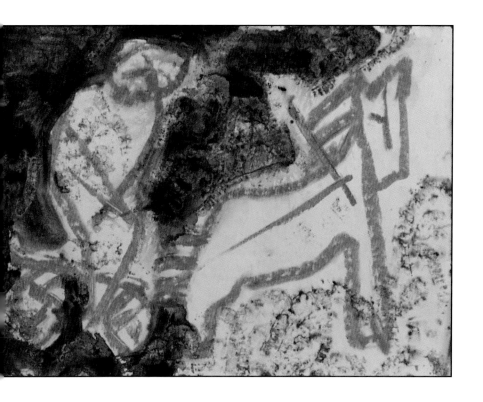

us dem Poem „Thomas Müntzer"

* * *

Чужая история снова стоит у двери.
Чужая история просит меня: «Отвори!»
Но я отвечаю: «Ты выбрала адрес не тот.
Своя мне история спать по ночам не даёт».

Чужая история тихо вздыхает: «А я?
Я разве чужая? Я тоже, я тоже своя!
Всё связано в мире – и люди, и страны, поверь!
Всё в мире едино…»
                    И я открываю ей дверь.

* * *

Schon wieder mal klopft eine fremde Geschichte bei mir.
Die fremde Geschichte, sie bittet: „Ach öffne die Tür!"
Doch ich bin verärgert und sage: „Was machst du mich wach?
Es lässt schon die eigne Geschichte nicht schlafen mich nachts!"

Die fremde Geschichte, sie seufzt, sagt ganz leise: „Und ich?
Sag, was ist mit mir? Bin ich eine Fremde für dich?
Die Menschen, sie sind ja verbunden, landaus und landein.
Die Welt ist ein Ganzes …"
Da lass ich am Ende sie ein.

* * *

Если б жил я в шестнадцатом веке,
Я ходил бы на чай к Микеланджело,
Любовался закатом с Коперником
И о юморе спорил с Рабле.
У великого Томаса Мора
Я спросил бы не без укора:
Почему он назвал Утопией
Человеческую мечту?

Но и это тоже утопия...

Если б жил я в шестнадцатом веке,
Я б не знал ничего о Копернике,
О Рабле и Томасе Море.
Так нередко в жизни случается:
Человек с человеком встречается,
Но он знает живущих в истории
Лучше тех, что живут на земле.

* * *

Wenn im sechzehnten Jahrhundert ich lebte,
Wär zum Tee ich ein Gast Michelangelos,
Mit Kopernikus säh ich das Abendrot,
Stritte über Humor mit Rabelais.
Thomas Morus, den Humanisten,
Würd ich fragen ohne zu flüstern:
Warum gab er den Namen Utopia
Einer herrlichen Menschheitsvision?

Ach wie schad, dass auch dies ganz utopisch ist …

Wenn im sechzehnten Jahrhundert ich lebte,
Wüsste gar nichts ich über Kopernikus,
Über Morus und über Rabelais.
Wir erleben ja oft, wie so etwas geht:
Man begegnet Menschen von früh bis spät,
Doch Gestalten aus der Historie
Kennt man besser als den, der heut lebt.

* * *

Время катится нам навстречу,
Как могучий морской прибой,
И одним ложится на плечи,
Погребая их под собой,
А другим – немногим, немногим,
Кто сумели дать ему бой, –
Время робко ложится под ноги,
Возвышая их над собой.

* * *

Seht nur – uns rollt die Zeit entgegen
So wie Brandung am Meeresstrand,
Wird die einen völlig bedecken
Und sie begraben wie Dünensand,
Doch den andern – es sind nicht viele –,
Die trotzig ihr in die Augen schaun,
Ihnen legt sie sich schüchtern zu Füßen,
Hebt sie über sich selbst hinaus.

Фома верный

Германия. Крестьянская война.
Огонь священный выжигает скверну.
И перед Богом божий раб Фома
В который раз становится неверным.

Прости, Господь, неверного Фому,
Ему и так спасения не будет.
Он верен был закону одному:
Нельзя служить и господам и людям.

Прости его за то, что не был слеп,
К людскому горю равнодушен не был.
О небе спор ведётся на земле,
А спор о небе – это спор о хлебе.

Прости ему Крестьянскую войну,
Прости его ужасную кончину...
Прости, Господь, неверного Фому,
Он был вернее верного Мартина.

И в час последний, на исходе сил,
В руках Твоих служителей нечистых,
Он даже смерти верность сохранил,
Её не предал ради рабской жизни.

Der getreue Thomas

In deutschen Landen stehen Bauern auf,
Um tiefe Schmach und Schande auszubrennen.
Und Thomas Müntzer, dieses Aufruhrs Haupt,
Wird untreu Gott, um als Rebell sich zu bekennen.

Vergib ihm, Herr, dass er die Treue brach;
Es ist auch so ihm Rettung nicht beschieden.
Getreu war er dem einen wahren Satz:
Unmöglich, beiden – Herr und Knecht – zu dienen.

Vergib ihm, dass nicht blind er war für Not,
Dass Kummer andrer ließ ihn taub nicht werden.
Beim Streit um Himmlisches gehts auch um Brot,
Denn dieser Streit, er wird geführt auf Erden.

Vergib, dass teil am Bauernkrieg er nahm,
Vergib, wie grausam er dann ward erschlagen ...
Viel treuer, als es der getreue Martin war,
Blieb Thomas in den allerletzten Tagen.

Und ganz am Ende, als die Kraft ihm starb,
Als schärfster Folter er ward übergeben,
Hat selbst dem Tod er Treue noch bewahrt,
Hat ihn nicht eingetauscht gegen ein Sklavenleben.

* * *

Только память живёт века,
Человек – меньше века.
Коротка,
Как эта строка,
Жизнь
Человека.
Но вмещает она красоту
Утра, вечера, дня и ночи.
Если ж кто-то эту строку
Обрывает до точки,
Нарушается общий ритм,
Пропадает звучанье.
Всё, что в тексте ещё говорит,
Призывает к молчанью.
Только память живёт потом,
Утешение – в этом.
Но ведь память – уже не то,
Если нет человека.
Лишь одна обрывается жизнь,
Мир огромен и прочен, –
Но уже теряется смысл
Утра, вечера, дня и ночи.

* * *

Die Erinnerung lebt sehr lang,
Der Mensch – kaum ein Jahrhundert.
Ach, nur kurz
Wie der Zeile Klang
Währt das Leben
Von jedem der Unsern.
Doch die Zeile trinkt Schönheit des Tags,
Der Nacht, des Abends, des Morgens.
Wenn auf einmal jedoch sie bricht ab,
Eh sie vollendet worden,
Wird der ganze Rhythmus gestört,
Der Wohlklang, er geht verloren.
Und das, was zum Text noch gehört,
Es ist dem Schweigen erkoren.
Fortan wirkt nur Erinnerung nach,
Schafft uns Trost und Besinnen,
Tröstet uns aber nur schwach,
Kann keinen zurück uns bringen.
Nur ein einziges Leben verlischt,
Die Welt ist fest und erhaben –
Doch schon verschwindet der Sinn
Von Tag und Nacht, Morgen und Abend.

* * *

Нашей жизни прошлогодний снег
Заметён снегами и веками.
И навряд ли вспомнит
Мёртвый камень
То, чего не помнит человек.

Пусть он даже мрамор и гранит,
Пусть поднялся вровень с облаками,
Но не вспомнит,
Не запомнит камень
То, что в сердце человек хранит.

Мы не выбирали наше время,
Это время выбирало нас.
Звёздный час,
Как звёздное мгновенье,
Мимолётно вспыхнул – и погас.

Но вдали, за смертной полосою,
Может быть, замедлит время бег.
В чьей-то жизни
Выпадет росою
Нашей жизни прошлогодний снег.

* * *

Unsres Lebens Schnee vom letzten Jahr
Ist verweht im Schnee der alten Zeiten.
Und ein Stein wird uns
Wohl kaum geleiten
Zu Vergangnem, das wir nicht bewahrt.

Wär der Stein aus Marmor, aus Granit,
Könnte er bis zu den Wolken steigen,
So verstünde er
Doch nicht zu zeigen,
Wie Erinnrung tief in unsren Herzen liegt.

Nicht wir selbst bestimmen, wann wir leben,
Unsre Zeit, sie hat es so gefügt.
Streichholzgleich
Flammt Zeit, die uns gegeben,
Auf im Ewigen, bis sie verglüht.

Doch es mag ja sein, dass nach dem Tode
Nicht so schnell wie sonst die Zeit vergeht,
Und auf Nachfahrn
Tropft als Tau von oben
Unsres Lebens vorjähriger Schnee.

* * *

Давит нам на плечи прошлое –
Распрямиться тяжело.
Ничего в нём нет хорошего:
То, что было, то прошло.

Нас дела такие ждут ещё,
Мы в такие дни живём…
Лучше думать нам о будущем,
Позаботиться о нём.

Но не сбросить тяжкой ноши нам,
От себя не оторвать,
Потому что нам без прошлого
На ногах не устоять.

Не шагать легко и весело
По укатанной дорожке…
В настоящем равновесие –
Между будущим и прошлым.

* * *

Auf uns lastet das Vergangene,
Macht das Aufrechtgehn so schwer.
Dies Gefühl ist uns nicht angenehm –
Was mal war, das gibts nicht mehr.

So viel Dinge können noch geschehn,
So viel kündigt sich noch an ...
Wenn wir mehr auf unsre Zukunft sehn,
Wäre es wohl klug getan.

Doch die Last drückt uns die Schultern breit,
Und wir schleppen sie herum,
Denn ganz ohne die Vergangenheit
Falln beim ersten Sturm wir um.

Einfach leicht und fröhlich wirst du nicht
Einen glatten Weg entlanggehn ...
In dem Heute herrscht ein Gleichgewicht
Zwischen Zukunft und Vergangnem.

слава – дым, а слово – дом

er Ruhm ist Rauch, das Wort ist Haus

* * *

По знакомой улице иду,
По дорогам дальним и селениям.
Обгоняю мысли на ходу,
Оставляю их без сожаления.

Сколько я рассеял их в пути –
На лесной тропе, на горном склоне...
Может быть, идущий позади
Их ещё когда-нибудь догонит.

* * *

Der vertrauten Straße folge ich,
Bin durch ferne Orte schon gewandert.
Und Gedanken lasse ich zurück,
Achtlos hingestreut am Wegesrande.

Wieviel Geistesblitze hab ich ausgesät
Tief im Walde, auf des Berges Pfaden ...
Wer dort später mal vorübergeht,
Sucht vielleicht sie, um sie auszugraben.

***

Рассказывают греки,
В их древние века
Текли всё так же реки
И плыли облака.

И вот в одной деревне,
В каком-то там дворе,
В каком-то марте древнем,
А может, сентябре
В зубах у древней кошки
Взмолился воробей:
«Поговорим немножко,
А после – хоть убей!»
«Ну что же, я готова», –
Злодейка снизошла.
И вылетело Слово,
Расправив два крыла.
На дерево взлетело
И шевелит хвостом.
А кошка, как сидела,
Сидит с открытым ртом.
(Она бы рот закрыла,
Но, очевидно, ждёт:
А вдруг оно вернётся,
Влетит обратно в рот).

Сюжет, увы, не новый:
Сиди хоть три часа,
А не желает Слово

***

Der alten Griechen Wissen
Beweist uns: So wie heut
Gab es schon damals Flüsse,
Und Wolken zogen weit.
Da hat, so wird berichtet,
An einem Tag im März
(Das Datum ist nicht wichtig,
Vielleicht wars auch im Herbst)
Ein Spatz im Katzenmaule
Das Raubtier angefleht:
„Ach lass uns etwas plaudern,
Bevors ans Fressen geht!"
„Nun gut, das lässt sich machen",
Versetzt die Katze drauf.
Es fliegt aus ihrem Rachen
Das WORT zum Baum hinauf,
Lässt auf dem Zweig sich nieder,
Sein Schwanz wippt ohne Ruh.
Die Katze staunt darüber
Und klappt das Maul nicht zu.
(Sie ist zu Recht verwundert,
Doch wartet noch aufs Glück –
Vielleicht kommt es herunter,
Fliegt ihr ins Maul zurück.)

Ach, solche Muster kenn ich,
Sitz Stund um Stunde hier,
Und dennoch kommt das WORT nicht

Покинуть небеса.
Но я всё жду улова,
Хоть понимаю я,
Что убиваю Слово,
Как кошка воробья.
Поймаю – и в два счёта
Проткну его пером.
Подобная охота
Не кончится добром.
Пускай оно витает
Свободно в вышине,

Пускай в тумане тает,
Взлетает на волне,
Пускай оно вовеки
Не встретится со мной...

Рассказывают греки.
Запахло стариной.

И снова, снова, снова
Я слышу: в тишине
Непойманное Слово
Летит навстречу мне.

Vom Himmel her zu mir.
Ich möchte es erjagen,
Weiß dabei freilich gut,
Dass ich das WORT erschlage,
So wie's die Katze tut.
Wenn ich es fang, dann spieß ichs
Auf meine Feder auf.
So eine Jagd wie diese
Nimmt keinen guten Lauf.
Drum mag das WORT frei schweben
Im weiten Himmelsraum,

Mag schwinden es im Nebel,
In weichem Wellenschaum,
Bis es so sehr verblichen,
Dass es mich nie erreicht ...

Wir kennen von den Griechen
Die Mär aus alter Zeit.

Doch in der Stille, lange,
Erahn ich stets und spür:
Das WORT, das ich nicht fange,
Es fliegt entgegen mir.

Слово

А слава – дым,
А слово – дом,
И в этом доме я живу.
Под вечер за моим окном
Садится солнце на траву,
А утром, выспавшись, встаёт
И отправляется в полёт –
Вокруг столиц и деревень,
С весёлой тучкой набекрень.

Приходят Прежде и Потом,
В мою стучатся дверь,
Интересуясь, где живёт
Прекрасная Теперь.
А я на это: вот так да!
А лучше: вот те на!
Да где ж ей жить ещё, когда
Теперь – моя жена.

Я приглашаю в дом гостей,
Прошу испить вина.
И входит в комнату Теперь,
Садится у окна.

Я Прежде знаю с давних пор,
Мы даже с ним на ты.
И потянулся разговор
До самой темноты.
И ночь стояла у окна,

Das Wort

Der Ruhm ist Rauch,
Das Wort ist Haus,
Es ist das Haus, in dem ich leb.
Am Abend ruht die Sonne aus,
Hat sich ins tiefe Gras gelegt.
Und früh am Morgen, ausgeruht,
Beginnt sie ihren weiten Flug
Hin übers Land, der Flüsse Netz,
Ein Wölkchen schief aufs Ohr gesetzt.

Es klopft. Herr VORHER, Herr DANACH,
Sie fragen aufgeregt,
Ob wirklich unter meinem Dach
Frau JETZT, die Schöne, lebt.
Und ich darauf: „Na so was auch,
Nun gut, ich mach euch schlau!
JETZT wohnt ja hier, kennt mich genau,
Ist schließlich meine Frau!"

Ich lad die Gäste ein ins Haus,
Hab Wein uns eingefüllt.
Und bald erscheint auch JETZT im Raum,
Setzt sich ans Fenster still.

Herr VORHER – lang schon kenn ich ihn,
Wir duzen uns sogar.
Und das Gespräch, es zog sich hin,
Bis es ganz dunkel war.
Vorm Fenster draußen hat die Nacht

Вздыхая о былом...
Но где Теперь, моя жена?
Она ушла с Потом.

Как много у меня потерь!
И вот – ещё одна.
Ушла она, моя Теперь,
Неверная жена.
Ушла, покинула мой дом,
А я кричал: «Вернись!»

Проснулось солнце за окном
И устремилось ввысь,
И на пути его крутом
Кружилась голова...
Но слава – дым,
А слово – дом.
Слова, слова, слова...

И просыпалась жизнь вокруг,
Как водится с утра.
И Прежде, мимолётный друг,
Промолвил: «Нам пора».
И я поднялся, чтоб идти,
Но отворилась дверь,
И встала на моём пути
Прекрасная Теперь.
Другая, новая Теперь,
Она вошла в мой дом.
И другу я сказал: «Иди.
Я как-нибудь потом».

Vergänglichkeit beklagt ...
Doch wo ist JETZT?, hab ich gedacht.
Sie floh mit Herrn DANACH.

Wie vieles hab ich schon verlorn
Und nun noch sie, mein Glück!
JETZT ist mir untreu, rannte fort,
Ließ einfach mich zurück!
Sie lief hinaus aus meinem Haus.
„Kehr um!", rief ich ihr nach.

Die ferne Sonne wachte auf,
Begann den neuen Tag,
Stieg auf dem steilen Weg ins Blau,
Es schwindelte mich leicht ...
Doch Ruhm ist Rauch
Und Wort ist Haus.
Die Worte sind mein Reich ...

Ringsum war alles aufgewacht
Wie stets zur Morgenzeit,
Und VORHER, mein Bekannter, sprach:
„Nun komm, bist du bereit?"
Und ich erhob mich, wollte gehn,
Jedoch die Tür flog auf,
Es trat herein, blieb vor mir stehn
Die allerschönste Frau.
Ja, es war JETZT, die schöne JETZT,
Doch war sie völlig neu.
Und zu dem Freund sprach ich: „Das wärs.
Ich komm dann mal vorbei."

* * *

Пишет мальчик весьма старательно,
А по чтению двойка опять.
Что поделаешь – сын писателя:
Больше любит писать, чем читать.

А отец его метит в классики,
Широко его издают.
Он не зря отец первоклассника:
Пишет то, что ему задают.

***

Dieser Junge, er schreibt recht sorgfältig,
Nur das Lesen geht schlecht – wie gewohnt.
Schreiben liebt er, aber das Lesen nicht,
Denn er ist eines Schriftstellers Sohn.

Dieser Vater, er wär gern Klassiker,
Seine Bücher druckt man zuhauf.
Und er macht es so, wie der Sohn es macht:
Was man aufgibt ihm, schreibt er auf.

* * *

Выхожу из раздумья глубокого,
Шевелю неживые слова.
Столько мыслей вокруг да около,
Посредине – моя голова.

Возвращаюсь в раздумье снова я,
А в раздумье – темно и серо́.
Подставляю под мысли голову,
Как под кран пустое ведро.

Нет, не капает. Что-то испорчено.
Надо срочно что-то чинить.
Надо вызвать водопроводчика,
Но не знаю, куда звонить.

* * *

Aus des Nachdenkens tiefster Versunkenheit
Tauch ich auf, bau aus Worten den Sinn,
Ringsumher – der Gedanken Verschiedenheit
Und mein eifriger Kopf mittendrin.

Doch von Neuem sink ich ins Gedankenreich,
Treffe Dunkel und Ödnis dort an.
Meinen Kopf halt ich unter den Wörterkreis
Wie ein Eimerchen unter den Hahn.

Nein, es tropft nicht mal. Irgendwas ist kaputt.
Repariern muss man das, eh es kracht.
Darum eilt es, dass ich den Klempner ruf,
Doch ich weiß ja nicht, wie mans macht.

* * *

Новые будни и новые праздники,
Новые песни – и всё же...
Старая классика, старая классика,
Ты всё мудрей и моложе.

Время не старит тебя быстротечное,
И не выходит из моды:
Сейте разумное, доброе, вечное
В неурожайные годы.

* * *

Trotz neuen Alltags und trotz neuer Festtage,
Trotz neuer Lieder begreif ich:
Klassische Dichtung, du lässt dich nicht totsagen,
Wirst immer jünger und weiser.

Mag auch die Zeit entfliehen ins Künftige,
Eines kommt nie aus der Mode:
Sät etwas Ewiges, Gutes, Vernünftiges,
Grad wenn die Ernte bedroht ist.

Встреча

Как просто для кого-то стать судьбой!
Однажды я пришёл в библиотеку
И книгу взял, которая полвека
Пылилась там в обложке голубой.

Её ещё никто не раскрывал.
За этот срок, неумолимо долгий,
Она ещё не покидала полки.
Но я пришёл – и час её настал.

Мне эту книгу выдали домой,
И я читал её, благоговея,
И чувствовал, что становлюсь умнее...
Да, очевидно, час настал и мой.

Как будто это не она, а я
Пылился в ожидании полвека,
Но избегала книга человека,
Свой главный смысл до времени храня.

Бездумный Случай в щедрости слепой
Немало встреч дарует нам чудесных.
Но никогда при этом не известно,
Кто для кого становится судьбой.

Begegnung

Wie einfach kann man Schicksalsbringer sein!
Bin mal in eine Bibliothek gekommen,
Hab mir ein Buch aus dem Regal genommen,
Ein blaues – es stand da und staubte ein.

So viele Jahre gabs wohl keinen, der drauf sah,
Und keiner wollte in dem Buche lesen.
Auf seinem Platze war es längst vergessen,
Doch ich erschien, und seine Stund war da.

Ich sorgte, dass ichs mit nach Hause nahm,
Und als ichs las, den Autor hoch verehrend,
Da fühlte ich mich langsam klüger werden
Und merkte, dass auch meine Stunde kam,

Als wäre ich es selbst und nicht das Buch,
Ich, der jahrein, jahraus im Staub gestanden,
Als wär das Buch mir aus dem Weg gegangen,
Bevor sein Sinn den reifen Menschen sucht …

Der Zufall, ihm geschieht es, dass er irrt.
Doch schenkt er auch manch herrliche Begegnung.
Wie schön! Du kannst ihn aber nicht bewegen,
Zu künden, wer einst Schicksal spielen wird.

Урок рисования

Встали, дети. Сели, дети.
Начали урок.
Не забудьте, что на свете
Жил Винсент ван Гог.

Карандаш вот так возьмите,
Сделайте вот так.
Айвазовский, наш учитель,
Это был мастак.

Кто там пишет на скамейке?
Лист вам, что ли, мал?
Ну-ка вспомните ван Дейка,
Он на чём писал?

Вот и вы бы так старались,
Каждый сколько мог.
Встали, дети. Попрощались.
Кончили урок.

Zeichenstunde

Aufstehn, Kinder! Könnt euch setzen!
He, wer steht da noch?
Merkt es euch: in alten Zeiten
Lebte Herr van Gogh.

Nehmt jetzt alle einen Buntstift,
Macht, wie ich es zeig.
Meisterlich war Aiwasowski
In der Malerei.

Warum malst du auf dem Tischchen?
Ist das Blatt zu schmal?
Worauf hat der Herr van Dyck denn
Seinerzeit gemalt?

Sollt euch dran ein Beispiel nehmen,
Jeder wie er kann.
Aufstehn und auf Wiedersehen!
Geht und zieht euch an.

Рисунок

Там, где контуры горы
И луны окружность,
Жили-были две сестры –
Внешность и Наружность.
Жили – просто никуда:
Грубо, косо, криво, –
То ли веник и скирда,
То ли хвост и грива.
Не лепился к штриху штрих,
Всё не так, как надо.
Но уставились на них
Два пунктира-взгляда.
И впервые понял мир
Красоты ненужность,
Глядя, как один пунктир
Пронизал Наружность,
И впервые ощутил
Красок неуместность,
Глядя, как другой пунктир
Врезался во Внешность.
И исчезли без следа
Бледность и недужность.
Что случилось, господа?
Не узнать Наружность.
Неприятные для глаз
Вялость и небрежность
Оказались в самый раз –
Подменили Внешность!

Eine Zeichnung

Wo Konturen eines Bergs
Und des Monds im Raum stehn,
Lebten Zwillingsschwestern fern –
Äußeres und Aussehn.
Lebten auf recht trübe Art,
Krumm wie Drachenzähne,
Wie ein Untier, wild behaart,
Struppig Schwanz und Mähne.
Keine Linie fügte sich
Ein ins große Ganze,
Bis man schließlich Blick um Blick
Hin zum Ziel entsandte.
Und zum ersten Mal ward klar:
Schönheit ist entbehrlich,
Als des Blickes heller Strahl
Sich zum Aussehn kehrte.
Ja, man sah es und verstand:
Farben sind nicht wichtig,
Als man auf des Äußren Rand
Fest den Blick gerichtet.
Und es schwanden ohne Spur
Blässe und Gebrechen.
Seht, wie ist das Äußre nun
Strahlend, ohne Schwäche!
Was uns eben noch gestört –
Lässigkeit und Trägheit –,
Ist, was jetzt dazugehört,
Gibt dem Aussehn Echtheit.

Загляденье для души,
Лёгкость и воздушность, –
До чего же хороши
Внешность и Наружность!
Две подружки, две сестры,
Две берёзки в поле...
Это всё видней с горы,
А с луны – тем боле.

Luftigkeit und Leichtheit sind
Wie ein selig Hauchen,
Das uns plötzlich nahebringt
Äußeres und Aussehn.
Wie zwei Birken, talaufwärts,
Die am Feldrain wohnen ...
Besser noch sieht mans vom Berg
Und erst recht – vom Monde.

На поэта влияет поэт

На поэта влияет поэт,
На планету влияет планета.
Вы заметили: даже цвет
Подражает другому цвету.

Он бывает светлей и темней,
Принимает оттенки любые...
Если в небо глядит муравей,
То глаза у него голубые.

Einfluss

Auf Planeten wirkt ein der Planet,
Auf den Dichter hat Einfluss der Dichter.
Selbst die Farbe – ihr könnt es sehn –
Will nach anderen Farben sich richten.

Sie nimmt manche Schattierungen an,
Sie erscheint uns mal heller, mal dunkler ...
Schaut ein Käfer zum Himmel hinan,
Sind die Augen hellblaue Punkte.

Исполнение желаний

Там, где река утратит имя
И перестанет быть рекой,
Её в свои владенья примет
Неведомый простор морской.

И, окунувшись в неизбежность,
Тогда почувствует река,
Насколько плата велика
За бесконечность и безбрежность.

Wenn Wünsche sich erfüllen

Da, wo der Fluss verliert den Namen
Und nicht mehr zu den Flüssen zählt,
Zieht ihn hinein in ihre Arme
Die endlos weite Meereswelt.

Und eingetaucht ins Meerestosen
Erfährt der Fluss mit einem Schlag
Den Preis dafür, wenn man sich wagt
Ins Ewige und Uferlose.

Утешение

Не нужно сетовать, река,
Что время мчит тебя куда-то,
Что уплывают берега,
К которым больше нет возврата.

Всё уплывает без следа,
Тебя же гонит мимо, мимо...
Не нужно сетовать: вода
Свежа, пока она гонима.

Trost

Du Fluss, sing doch kein Klagelied,
Dass dich die Stunden vorwärtstreiben,
Dass du die Ufer nie mehr siehst,
Die rasch an dir vorübergleiten.

Denn alles fließt. Vorbei, vorbei –
Die Flut muss stetig sich ergießen.
Drum klage nicht. Die Wasser dein
Sind frisch nur, wenn sie fließen, fließen ...

Бухта

Голубая стихия, безбрежный простор,
Кто, мятежный, в тебя не поверит?
Но когда разгуляется бешеный шторм,
Даже море потянет на берег.
И пускай этот берег пустынен и крут,
Пусть не слишком приветливо встретит,
Берега – берегут,
Берега – берегут...
Отчего ж так упорно текут и текут
Мимо них беспокойные реки?
Сквозь туманы,
Метели,
Дожди и снега,
Чтоб назад не вернуться вовеки.
Пусть попробуют их удержать берега!
Не нуждаются реки
В опеке!

До чего же приятный у нас разговор
В окружении благостной суши!

Голубая стихия!
Мятежный простор!
Мы – твои неспасённые души!

Die Bucht

Element ganz in Blau, o du trotziges Meer,
Wer vermag deine Macht zu bestreiten?
Doch erhebt sich ein Sturm, kommt gewaltig daher,
Wälzt du hin dich zur Küste, der weiten.
Wenn das Ufer auch öde und unwirtlich scheint
Und sein Steilhang bedrückt unsre Sinne –
Es lädt dennoch dich ein,
Lässt in Buchten hinein
Deine wogende Flut; doch wie kann es nur sein,
Dass die Flüsse der Küste entrinnen?
Selbst durch Nebel,
Gewitter,
Durch Regen und Schnee,
Immer vorwärts, zurück nie und nimmer.
Und kein Ufer hält auf ihren Lauf in die See.
Niemand muss um die Flüsse
Sich kümmern!

Ach wie plaudert sichs gut, weiß man rings um sich her
Festes Land, sanft umspielt von den Wellen!

Element ganz in Blau!
O du trotziges Meer!
Wir sind deine verlorenen Seelen!

Тропинка на реке

Протоптана тропинка на реке.
Когда морозом всё заледенило,
Наперекор морозу и пурге
Два берега она соединила.

Прошла зима. Оттаяла река.
Над нею вьюги больше не кружили.
И радовались солнцу берега,
Счастливые – и снова как чужие.

Pfad über den Fluss

Es führt ein schmaler Pfad quer übern Fluss,
Denn alles ist vereist in weiter Runde.
Den kalten Wintergeistern zum Verdruss
Hat dieser Pfad die Ufer fest verbunden.

Nun schmolz das Eis im Fluss. Der Winter wich.
Der Wirbeltanz des Schneesturms ist zu Ende.
Die Ufer wärmen in der Sonne sich.
Wie sind sie glücklich – und von neuem Fremde.

Памятник

Смеялось море и грустило,
А там, на самой глубине,
Скала гранитная застыла –
Посмертный памятник волне.
И как же было сохранить ей,
В смятенье вод продлить себя?
Но продолжается в граните
Её короткая судьба.
Её упрямая беспечность,
Её неистовый каприз...
Гранит холодный – это вечность,
Порыв мгновенный – это жизнь.
Какая быль! Какая небыль!
Какая огненная стать!
Волна себя взрывает в небо,
Но ей до неба не достать.
Оно не встретит, не полюбит,
Не приголубит в вышине...
И только там, в смертельной глуби,
Бессмертный памятник волне.

Ein Denkmal

Das Meer, es kann mal froh, mal trüb sein,
Und auf dem Grund, nicht fern vom Strand,
Steht ein Granitfels als Gedenkstein
Der Welle, die den Tod hier fand.
Wie kann sie auch am Leben bleiben,
Wider die Ordnung, die man kennt?
Jedoch setzt fort sich in dem Steine
Der Welle kurze Existenz,
Der Leichtsinn, dem sie rasch erlegen,
Die launische Zerrissenheit ...
Der Welle Taumel, er ist Leben,
Der kalte Fels ist Ewigkeit.
Welch Widerspruch lässt sich hier finden!
Wie tief ist sein verborgner Sinn!
Die Welle bäumt sich auf gen Himmel
Und reicht doch nie zum Himmel hin.
Er wird sie niemals liebgewinnen,
Nie küssen sie und zärtlich sein ...
Und nur in tödlich kalter Tiefe
Steht als Erinnerung der Stein.

Горизонт

Не имеет море высоты,
Не имеет небо глубины.
И, вполне возможно, потому
Так они друг в друга влюблены.
Им на свете нечего делить,
И они сливаются вдали –
Там, где нет высот и нет глубин,
Где остались только даль и ширь –
То, что им обоим по плечу.

Не имеет море высоты,
Не имеет небо глубины.
Потому отныне и навек
Все у них проблемы решены.
Ну, случается – не без того,
Море вверх швырнёт свою волну,
Небо сверху молнию метнёт,
Но ведь это так легко понять
И друг другу так легко простить.

Не имеет море высоты,
Не имеет небо глубины.
Значит, им живётся так, как всем,
Раз они чего-то лишены.
И в полоске тонкой, будто нить,
Поместился общий их простор,
Два простора – моря и небес,
Вся их глубина и высота,
Что тоскуют в мире друг без друга.

Der Horizont

Keine Höhe hat die Meereswelt,
Keine Tiefe hat das Himmelszelt.
Und vielleicht ist dies der Grund dafür,
Dass sich ihre Liebe jung erhält.
Nichts zum Teilen gibt es für die zwei,
Wo sie sich vereinigen, ists fern,
Weder hoch noch tief kann es dort sein,
Aber unermesslich weit und breit –
Meer und Himmel, sic ertragens leicht.

Keine Höhe hat die Meereswelt,
Keine Tiefe hat das Himmelszelt,
Und sie lösten die Probleme längst,
Über die man streitet auf der Welt.
Freilich, irgendwas kommt schon mal vor:
Blitze wirft der Himmel in das Meer,
Hohe Wellen spritzt das Meer empor,
Doch darob mag niemand böse sein,
So etwas lässt sich ja leicht verzeihn.

Keine Höhe hat die Meereswelt,
Keine Tiefe hat das Himmelszelt.
Und drum leben sie wie andre auch,
Denen leider irgendetwas fehlt.
Ein so schmales, fadendünnes Band,
Es enthält der beiden weites Reich,
Fügt zusammen Meer und Himmelsraum,
Schließt die Höhe, schließt die Tiefe ein,
Die sich jede nach der andren sehnen.

Дерево

Дерево… Ну что, казалось, в нём?
Листья, ветки, шелест и прохлада…
Отчего же знойным летним днём
Каждому приятно быть с ним рядом?

Даже лесоруба с топором
Дерево в тени готово спрятать…
И каким же нужно быть богатым,
Чтоб за всё, за всё платить добром!

Ein Baum

Nur ein Baum ... Was soll an ihm schon sein?
Blätter, Zweige, Rauschen, Schattenkühle ...
Warum kehrn so gern wir bei ihm ein,
Zu entfliehn des Sommertages Schwüle?

Selbst wer Holz fällt mit der Axt im Wald,
Kann sich unterm Baum an Frische laben ...
Welchen Reichtum muss ein Baum doch haben,
Dass mit Güte stets er nur bezahlt!

Тень и эхо

Что такое тень,
Ты спроси у эха.
Но его задень –
И пойдёт потеха:
Спрашивать у эха
Можно целый день.
Что такое эхо,
Это знает тень.
Скрылась тень от света
За своим предметом.
Эхо – по науке –
Держится при звуке.
– Как вам отражается?
– Как вам повторяется?
– Ничего, спасибо,
Так, как полагается. –
Так они с успехом
Трудятся весь день:
Тень – предмета эхо,
Эхо – звука тень.

Schatten und Echo

Was ein Schatten ist –
Frag danach das Echo.
Rufst ihm zu, mit List,
Schallts zurück, nur schwächer.
Echo wird nie schweigen,
Wenn du es befragst.
Willst du es begreifen,
Weiß der Schatten Rat.
Schatten, er versteckt sich
Hinterm Gegenstand.
Echo ist natürlich
Mit dem Ton verwandt.
„Sag mal, wie versteckt es sich?"
„Sag, wie ruft so keck es sich?"
„Danke für die Frage,
Alles geht perfekt, denk ich!"
So mühn sie sich mächtig
Und ganz ohne Lohn:
Schatten – des Gegenstands Echo,
Echo – Schatten des Tons.

* * *

Ходит в золоте луна,
В серебре – вода.
Ходит в мягком тишина,
В зябком – холода.

Ходит в пышном торжество,
В пёстром – суета.
И совсем без ничего
Ходит доброта.

Ей бы серебро воды,
Золото луны, –
В мире не было б нужды,
Не было б войны.

Это не её вина,
А её печаль…
Ходит в мягком тишина,
Голубеет даль.

* * *

Goldne Kleider trägt der Mond,
Silberne – das Meer.
Stille geht in weichem Samt,
Frost kommt kalt daher.

Prunkvoll schreitet der Triumph,
Hast rennt bunt dahin.
Nur die Güte, blass und wund,
Hat nichts anzuziehn.

Wär wie Wasser silbern sie,
Golden wie der Mond,
Gäb es Not und Hunger nie,
Würde Krieg nicht drohn.

Ach, sie ist nicht schuld daran,
Quälend ist ihr Schmerz ...
Stille geht in weichem Samt,
Bläue schimmert fern.

з «Кемберлиады»

us der „Kemberliade"

Стихи о Скреле

Нет стихов о звере Скреле.
В чём же дело? В чём секрет?
Есть стихи о Бегемоте,
Есть стихи о Кашалоте,
О Еноте,
О Койоте...
А стихов о Скреле – нет.

Как-то раз одна Горилла
Проходила через Нил
И в пучину угодила.
Спас Гориллу Крокодил.
И молва о Крокодиле
Облетела целый свет.
Есть молва о Бегемоте,
Есть молва о Кашалоте,
О Еноте,
О Койоте...
А молвы о Скреле – нет.

Две отважные Улитки
По дороге длинной шли.
Захотели две Улитки
Обойти вокруг земли.
И об этих двух Улитках
Написал в стихах поэт
Лучше, чем о Бегемоте,
Лучше, чем о Кашалоте,

Skrell, das Tierchen

Verse über Skrell, das Tierchen,
Kennt man nicht – ist das reell?
Ich find welche über Affen
Wie auch über die Giraffen
Und die Rappen
Und die Robben …
Aber gar nichts über Skrell.

Sorglos ging mal ein Gorilla
Mitten durch den tiefen Nil,
Ward aus fürchterlichem Strudel
Aufgefischt vom Krokodil.
Und die Nachricht von der Rettung
Lief gleich um die ganze Welt.
Nachricht gibt es über Affen
Wie auch über die Giraffen
Und die Rappen
Und die Robben …
Doch nichts hört man über Skrell.

Einst erfuhr ich von zwei Schnecken
(Hab sie freilich nicht gesehn),
Die das große Ziel sich steckten,
Um die Erde rumzugehn.
Und von diesen wackren Wandrern
Schrieb man bald auch im Gedicht –
Besser noch als von den Affen
Oder auch von den Giraffen

О Еноте,
О Койоте...
А стихов о Скреле – нет.

Целый день без передышки,
От рассвета дотемна,
Рыла, рыла норку Мышка
Для бездомного Слона.
И об этой доброй Мышке
Будут помнить много лет –
Больше, чем о Бегемоте,
Больше, чем о Кашалоте,
О Еноте,
О Койоте...
А о Скреле помнят?
Нет...

Нет стихов о звере Скреле.
В чём же дело? В чём секрет?
Нет стихов о звере Скреле,
Потому что Скреля нет.
Просто нет такого зверя.
Нет в природе, верь не верь.
Жаль, что нет на свете Скреля,
Был бы он хороший зверь.

Он бы тоже спас Гориллу,
Обошёл весь белый свет,
Для кого-то норку вырыл,
Если б был.

Und den Rappen
Und den Robben …
Doch vom Skrelltier schrieb man nicht.

Eine Höhle grub das Mäuschen,
Sehr bequem und riesengroß,
Weil der Elefant sein Freund war,
Aber leider obdachlos.
Und an dieses gute Mäuschen
Wird man denken lange Zeit,
Länger noch als an die Affen
Oder auch an die Giraffen,
An die Rappen,
An die Robben …
Doch an Skrell?
„Nein, tut uns leid!"

Verse über Skrell, das Tierchen,
Kennt man nicht – ist das reell?
Doch die Antwort ist nicht schwierig,
Denn es gibt kein Tierchen Skrell.
Es ward einfach nie geboren,
Keiner sah es auf der Welt.
Lebte es, hätt ich geschworen:
Ach, es wird ein echter Held!

Würde den Gorilla retten,
Um die ganze Welt rumgehn,
Aus der Höhle Erde schleppen,
Lebte es.

Но Скреля – нет.
Очень многих нет на свете,
А они бы быть могли.
Нет на свете
Зверя Грэтя,
Нет на свете
Птицы Флетти,
Нет на свете
Рыбы Снети
И лягушки Кемберли.

Потому и неохота
Мне писать про Бегемота,
Про Енота,
Кашалота, –
Я б хотел о них забыть,
Чтоб писать о звере Скреле,
Хоть и нет такого зверя,
В мире нет такого зверя,
Нет нигде...
               А мог бы быть!

Jedoch geschehn
Kann das nicht, weil Skrell nicht da ist,
Einfach gar nicht existiert.
Viele Tiere
Fehlen gänzlich:
Das Tier Grättsch fehlt,
Vogel Fletti,
Der Fisch Snättsch fehlt,
War noch nie hier,
Und der Springfrosch Kemberli.

Drum mag ich nicht Verse dichten
Über längst besungne Affen,
Über Robben,
Über Rappen –
Wills ganz ehrlich euch gestehn.
Lieber schreib ich über Tiere,
Die, wie Skrell, nicht existieren,
Auf der Welt nicht mal gastieren,
Nirgendwo …
                    Doch wärs so schön …

О птице Флетти, которая так и не научилась летать

На рассвете,
Прогуливаясь по балкону,
Птицу Флетти
Окликнула птица Ворона.
И спросила Ворона,
Отвесив поклон:
– Птица Флетти,
Ответьте:
А где ж ваш балкон?
У меня, птица Флетти,
Пять тысяч балконов.
Сорок тысяч, заметьте,
Карнизов оконных.
Девятьсот пятьдесят
Телеграфных столбов
И пятьсот километров
Одних проводов.
Неудобно парить,
Понимаете сами,
Не имея совсем ничего под ногами.
Птица Флетти,
Вы, право, рискуете зря. –
И Ворона
Пошла по балкону,
Паря.
Птица Флетти
Плыла над землёй облаками,
Не имея совсем ничего под ногами.

Vom Vogel Fletti, der so ganz anders flog

Als es tagte,
Spazierte würdig den Balkon lang
Eine Krähe.
Sie machte nen Kratzfuß und sagte
Gleich zu Fletti, dem Vogel,
Voll tiefer Räson:
„Vogel Fletti,
Verehrter,
Zeigt Euren Balkon!
Denn ich hab, müsst Ihr wissen,
Fünftausend von ihnen,
Vierzigtausend Gesimse
Als Stütze mir dienen.
Und an Masten hab ich
Schon neunhundert und mehr,
Auch an Drähten fünfhundert
Kilometer, mein Herr.
Denn man schwebt nicht stabil
(Das wissen ja alle)
Völlig frei, ohne jeglichen Halt für die Krallen.
Vogel Fletti,
Habt Acht, Ihr riskiert allzu viel!“
Und die Krähe,
Sie schritt den Balkon lang,
Grazil.
Vogel Fletti
Flog oben, wo Wolken sich ballen,
Völlig frei, ohne jeglichen Halt für die Krallen.

Не имея опор
И насиженных мест,
Осыпаясь дождями
С высоких небес.
А потом в небесах
Загоралась огнями,
Не имея совсем ничего под ногами,
Не умея себя
В небесах удержать,
И летела на землю
Опять и опять
Золотыми лучами,
Дождями,
Снегами,
Не имея совсем ничего под ногами.
Опадала закатом
В туманной дали,
Расшибаясь об острые
Камни земли.
И опять говорила ей
Птица Ворона,
Что парила
На крепких перилах балкона,
Наблюдая за тем,
Как восходит заря:
– Птица Флетти, вы, право, рискуете зря!

Ach, er hatte nicht Schutz
Oder heimischen Ort,
Dichter Regen durchnässte
Ihn fort und fort,
Dann verbrannte er fast
In den glutheißen Strahlen,
Völlig frei, ohne jeglichen Halt für die Krallen.
Nicht für lange verblieb
Er in schwindelnder Höh,
Stürzte wieder hinunter
In düsterem Weh,
Zwischen goldenen Strahlen,
Im Regen,
Mit Qualen,
Völlig frei, ohne jeglichen Halt für die Krallen.
Sank in nebliger Ferne
Spät abends hinab,
Stieß an Steinen sich blutig,
Taumelnd und schlapp.
Und schon bald sagte wiederum
Warnend die Krähe,
Die auf festem Geländer
Des Hausbalkons schwebte
Und das Morgenrot sah,
Ganz von Farben umspielt:
„Vogel Fletti, habt Acht, Ihr riskiert allzu viel!"

Птица Флетти принимает гостей

Однажды птица Флетти
Давала званый сон.
Накрыл поляну ветер
На тысячу персон.
И в ароматном свете
Прохладной тишины
Хозяйка птица Флетти
Показывала сны.
Таких вам снов не видывать –
Ну, разве что во сне!
И мне таких не выдумать
В прохладной тишине.
Певуче-шелковистые,
Пахуче-серебристые,
Кипуче-голосистые –
Все выстроились в ряд.
И ну плясать, кружиться,
Резвиться, веселиться...
Эй, птица, что ж вы, птица?
Ведь ваши гости спят!
Лежат себе вповалку –
Вся тысяча персон.
Их не разбудишь палкой,
Такой сморил их сон.
И что им краски эти
Прохладной тишины?
Напрасно вы им, Флетти,
Показывали сны.

Vogel Fletti empfängt Gäste

Zum Traumvorführungsfeste
Lud Vogel Fletti ein.
Der Wind hat tausend Gästen
Für das Beisammensein
Die duftend helle Wiese
Mit kühler Ruh gefüllt.
Und Fletti bot auf dieser
Manch frisch geträumtes Bild.
Ach, solche Träume seht ihr nicht –
Na, höchstens mal im Traum!
Und in so kühlem, stillem Licht
Erfind auch ich sie kaum:
Die seidengleich melodischen,
Die silberduftend modischen,
Die schreiendheiß rhapsodischen –
Sie waren alle da,
Begannen sich zu drehen,
Vor Keckheit Kopf zu stehen ...
He, Vogel, könnt Ihrs sehen?
Die Gäste schlafen ja!
Es liegen tausend Gäste
In Reihen hingestreckt,
Vom Schlafe so gefesselt,
Dass sie kein Stockhieb weckt.
Was sollen ihnen Farben,
In kühler Ruh gekürt?
Vergeblich habt Ihr, Fletti,
Die Träume vorgeführt.

Им красота созвучий,
Соцветий не нужна...
Какой банальный случай:
Уснуть во время сна!

Sie brauchen nicht den Festglanz,
Aus Licht und Ton gewebt ...
Ach, schade ist es, wenn man
Den schönsten Traum verschläft!

Птица Флетти летит через океан

Ходил по океану хмурый ветер,
Не слыша волн сердитых нареканий.
А там, под облаками, птица Флетти
Летела, отражаясь в океане.

И видела она в своём движенье,
Как, у стихий выпрашивая милость,
Покинутое ею отраженье
На гребнях волн угодливо дробилось.

Захлёбывалось, билось и дрожало,
Но всё-таки, сквозь океан и ветер,
Оно текло, упорно путь держало
Туда, куда летела птица Флетти.

Порой и мы,
В себя теряя веру,
Угодливо дробимся в океане.
Мы так слабы...
Но нас ведут примеры,
Которые летят под облаками.

Vogel Fletti fliegt über den Ozean

Der Ozeanwind trieb die Wellen heftig,
War taub für ihre grimmen Klagelieder.
Doch unter Wolken flog der Vogel Fletti
Und spiegelte sich auf dem Wasser wider.

Tief unter sich sah er bei seinem Fluge,
Wie kleinmütig, als ob es selbst nichts gälte,
Das Spiegelbild die Gunst der Wellen suchte,
Gehorsam in der wilden Gischt zerschellte,

Um, neu erstanden, ringend mit den Wogen,
Zwar zitternd, aber zäh dem Kurs zu folgen,
Auf dem der Vogel Fletti grad dahingezogen
Und weiterflattert, trotzend Wind und Wolken.

Auch uns geschiehts:
Hat Gram uns überfallen,
Lässt sich die Hoffnung allzu oft besiegen.
Denn wir sind schwach ...
Doch führn uns Ideale,
Die wie ein Vogel unter Wolken fliegen.

Как на небо забрели
Кемберли и Беркемли

Лягушка Кемберли,
Которой нет на свете,
И жаба Беркемли,
Которой нет на свете,
Решили как-то летом
Увидеть белый свет
И побрели по свету,
Где их на свете нет.

Они брели, брели
И день, и два, и двадцать,
Брели и не могли
Никак налюбоваться:
Зелёные просторы,
Сиреневый рассвет,
Леса, поля и горы,
Где их на свете нет.

Среди красот земли
Весёлые подружки
Сначала просто шли,
Как жаба и лягушка,
А после полетели
За облаками вслед.
А что им, в самом деле?
Ведь их на свете нет.

Kemberli und Berkemli –
Hoch am Himmel wandern sie

Der Springfrosch Kemberli,
Der auf der Welt nicht lebte,
Und Kröte Berkemli,
Die auf der Welt nicht lebte,
Sie wollten wandern gehen
Mal mit, mal ohne Wind
Und sich die Welt besehen,
Auf der sie gar nicht sind.

Sie wanderten dahin
Wohl viele, viele Tage,
Ergötzten ihren Sinn
Und schauten mit Behagen
Die weiten, grünen Felder,
Die Flur im Morgenwind,
Die Berge, Bäche, Wälder,
Wo sie ja gar nicht sind.

So sind sie manche Zeit
Durchs schöne Land gesprungen
Und haben auch zu zweit
Mit Müdigkeit gerungen.
Sind dann emporgestiegen
Wie Vögel pfeilgeschwind –
Ganz leicht, weil sie beim Fliegen
Gar nicht vorhanden sind.

Лягушка Кемберли
Летит по небу птицей.
И жаба Беркемли
Летит по небу птицей.
Чтоб, в небе их заметив,
Мог убедиться свет,
Что есть они на свете,
Хоть их на свете нет.

Der Springfrosch Kemberli
Fliegt droben wie ein Vogel
Und Kröte Berkemli
Fliegt droben wie ein Vogel,
Damit man merkt – sie sind es
Und fliegen wie der Wind,
Obwohl sie doch in Wahrheit
Gar nicht vorhanden sind.

Как увидеть зверя Грэтя?

Каждый ищет зверя Грэтя,
Всем на свете нужен Грэть.
Все мечтают Грэтя встретить,
Чтоб на Грэтя посмотреть.
И не только посмотреть,
Но и поучиться:
Косолапости – медведь,
Хитрости – лисица,
Бык мечтает стать рогатым,
Как Грэть.
Тигр – таким же полосатым,
Как Грэть.
Слон – большим,
Осёл – упрямым,
А жираф, конечно, самым,
Самым, самым длинношеим,
Как Грэть.
Ищут звери зверя Грэтя
Утром, вечером и днём,
Каждый ищет зверя Грэтя,
Чтоб себя увидеть в нём:
Слон – слона,
Лиса – лису,
А медведь – медведя.
Чтоб воскликнули в лесу
Добрые соседи:
– Ах, какой же он рогатый!
Как Грэть!

Wie entdeckt man das Tier Grättsch?

Ach, landab, landauf träumt dauernd
Man von Grättsch, dem edlen Tier,
Und das Grättschtier mal zu schauen
Ist wohl jedermanns Begier.
Doch man wills nicht nur erspähn,
Nein, man will auch lernen.
Plumpheit wünscht der Bär zu sehn,
List – der Fuchs so gerne.
Spitz gehörnt, so wär der Stier gern
Wie Grättsch.
Und gestreift wär gern der Tiger
Wie Grättsch.
Riesig will
Der Elefant sein,
Stur sein will der graue Esel,
Langhälsig die Frau Giraffe,
Wie Grättsch.
Nun: Die Tiere suchen weiter,
Ihr Elan ist ungestillt.
Aber alle suchen leider
Immer nur ihr Ebenbild:
Elefant – den Elefanten,
Schlauer Fuchs – den schlauen Fuchs
Und der Bär – den Bären,
Damit Wildschwein, Elch und Luchs
Ganz verzückt erklären:
„Seine Hörner trägt er prächtig!
Wie Grättsch!"

– Ах, какой он полосатый!
Как Грэть!
– Ах, какой же он упрямый!
– Ах, какой он самый-самый –
Самый-самый-самый-самый...
Как Грэть!
Ищут звери зверя Грэтя:
– Где ты, Грэть?
                    Ау!
                Ау!

Светлячки друг другу светят,
Перерыли всю траву.
Ищут звери зверя Грэтя,
Только время зря губя:
Как увидеть зверя Грэтя,
Если видеть лишь себя?

„Mit den Streifen prunkt er mächtig!
Wie Grättsch!"
„Oh, wie ist er doch so närrisch!"
„Oh, dies Tier wirkt stolz und herrisch!"
„Stürmisch, herrisch, störrisch, närrisch
Wie Grättsch!"
Nach dem Grättschtier sucht ein jeder.
„Wo bist du?
Hehe!
Hoho!"

Füreinander leuchten Käfer,
Stöbern zwischen Gras und Stroh.
Doch mir scheint, dass solch Beginnen
Man schlicht unter Ulk verbucht ...
Wie kann man das Grättschtier finden,
Wenn man nur sich selber sucht?

Рыба Снеть бежит из сети

Потащили рыбу Снеть
Из родной воды на берег.
Чтоб на суше уцелеть,
Притворилась рыба зверем.
Прорычала рыба:
– Р-р-р-р-р-ры!
Нет ли здесь большой дыры? –
А когда нашлась дыра,
Рыба крикнула:
– Ур-р-р-р-р-ра!
Всё в порядке.
Путь открыт. –
Рыба по дороге
Побежала, сделав вид,
Что имеет ноги.
Мягко стелются поля
Под её ногами.
Вдруг окончилась земля:
Хлоп! – и рыба в яме.
Только к небу пыль взвилась.
Не робей, подружка!
Если зверем назвалась –
Полезай в ловушку!

Сверху стало вечереть,
В яме не сидится.
И решила рыба Снеть
Притвориться птицей.

Fisch Snättsch flieht aus dem Netz

Den Fisch Snättsch zog man im Netz
Aus dem Wasser hin aufs Trockne.
Er beschloss zu guter Letzt,
Diese Fischer frech zu foppen,
Knurrte wie ein Landtier:
„Rrr und rrr und rrr!
Ist ein großes Loch denn hier,
Das mir Rettung bringen wird?"
Rief, als er eins sah,
Hocherfreut: „Hur-r-r-r-ra!
Alles bestens.
Nun voran!"
Auf der langen Straße
Läuft Fisch Snättsch und stellt sich an,
Als ob er Beine habe.
Über Felder rennt er hin
Wie in weichem Fluge,
Plumps – liegt er auf einmal drin
In der tiefen Grube.
Nur ein Wölkchen Staub entwich.
Jetzt sei tapfer, Freundchen!
Als ein Landtier musst du dich
Solchem Schicksal beugen!

Dämmrung kam. Snättsch war es leid,
In dem Loch zu liegen,
Tat, als ob ein Federkleid
Ihm erlaubt zu fliegen.

Всё в порядке.
Путь открыт.
Лёгким вольным стилем
Взмыла птица, сделав вид,
Что имеет крылья.
Полетала,
Полетала,
Вдруг крыло в силке застряло.
И вздохнула рыба Снеть:
– От себя не улететь... –

И, повесив два крыла
На высокий ясень,
Потихоньку побрела
Рыба восвояси.
Видно, это не пустяк –
Обмануть природу.
И решила рыба так:
– Лучше – прямо в воду!

Alles bestens.
Nun voran!
Wie ein freier Vogel
Ist er rasch auf kühner Bahn
In den Wald geflogen.
Aber plötzlich
Stak sein Flügel
Fest in einer Vogelschlinge.
Seufzend sprach da Snättsch zu sich:
„Vor sich selbst entflieht man nicht …"

Seine Flügel ließ zurück
Er auf hohem Baume,
Schleppte heim sich Schritt um Schritt
Wie in stillem Traume.
Die Natur, sie mag sich wohl
Nicht betrügen lassen.
Drum entschied der Snättschfisch so:
„Lieber gleich ins Wasser!"

Вопросы и ответы

– Кто отсутствует?
– Снеть.
– Кто отсутствует?
– Грэть.
– Может, по лесу бродит?
– Не бродит.
– Птица Флетти?
– И эту попробуй-ка встреть.
– Ставим прочерк во всей природе.

– А куда подевалась у нас Кемберли?
Беркемли почему не приходит?
Где наш Скрель?
– Мы искали, но не нашли.
– Ставим прочерк во всей природе.

Каждый прочерк в природе сродни пустоте,
Где ничто никогда не родится.
Сколько прочерков всюду! На суше, в воде,
Там, где жили и рыбы, и птицы.
Прежде жили.
Но вряд ли появятся впредь,
Бесполезно о них сокрушаться.
Может, лучше им было, как Скрель и как Грэть,
В этом мире совсем не рождаться?

Чтоб от страха у них не сжималась душа,
От охотничьих залпов не глохла...
Нет, не лучше...
Ведь всё-таки жизнь – хороша,
Хоть она и кончается плохо.

Fragen und Antworten

„Sagt, wer fehlt uns denn?"
„Snättsch."
„Sagt, wer fehlt uns denn?"
„Grättsch."
„Ists im Walde zu sichten?"
„Mitnichten."
„Vogel Fletti?"
„Kommt niemals, das ist Gesetz."
„Nun, dann sind sie alle gestrichen!"

„Sagt, wohin ist verschwunden der Frosch Kemberli?
Ist Berkemli spurlos entwichen?
Wo ist Skrell?"
„Diese Tiere, man fand sie nie."
„Nun, dann sind sie alle gestrichen!"

Gibts im Kleid der Natur schwarze Lücken zuhauf,
Kann kein Leben dort sein und sich mehren.
Wieviel Lücken – im Wasser, an Land – zählt man auf,
Dort, wo Fische und Vögel sonst wären ...
Früher lebten sie.
Aber sie fehlen uns jetzt,
Sind verschwunden und kehren nicht wieder.
Wär es besser, sie hätten – wie Skrell und wie Grättsch –
Diese Welt nie und nimmer besiedelt,

Damit lähmende Furcht ihre Seelen nicht drückt,
Während Salven aus Jagdflinten knallen ...?
Nein, nicht besser ...
Das Leben ist trotzdem ein Glück,
Auch wenns leider schlecht endet für alle.

есные шелесты

Valdgeflüster

Песчинка и гора

1.

Жила-была песчинка под горой,
Трудилась добросовестно и честно.
Жила-была песчинка под горой,
Совсем немного занимала места.
Жила-была песчинка под горой
И ничего другого не желала.
Она стояла за гору горой,
Все силы ей, всю душу отдавала.
И где теперь песчинка? Вот вопрос,
Который надо рассмотреть всерьёз,
Чтоб на него ответить без заминки.
А у горы, наверное, склероз:
Ну, где ей помнить верную песчинку!

2.

Жила-была песчинка на горе.
Какая сила, красота и смелость!
Жила-была песчинка на горе
И снизу очень хорошо смотрелась.
Жила-была песчинка на горе,
И вся гора вокруг неё вертелась.
Жила-была песчинка на горе.
Жила, была… И вдруг куда-то делась.
Куда она девалась? Вот вопрос!
Наверно, ветер дунул и унёс, –
Такое нам не в редкость, не в новинку.
А у горы – ликующий склероз:
Какое счастье – позабыть песчинку!

Sandkorn und Berg

1.

Ein Sandkorn lebte einst am Fuß des Bergs,
Es mühte sich gewissenhaft und ehrlich.
Ein Sandkorn lebte einst am Fuß des Bergs,
Es brauchte wenig Platz, tat nie begehrlich.
Ein Sandkorn lebte einst am Fuß des Bergs,
Und niemals wollte es woanders leben.
Was es auch tat, es tats stets für den Berg,
Hat gern ihm Kraft und Seele hingegeben.
Doch wo ist jetzt das Sandkorn? Wer dies fragt,
Der überlege es sich unverzagt,
Um für die Antwort Klarheit zu gewinnen.
Beim Berg hat das Gedächtnis wohl versagt;
Wie kann er auf ein Sandkorn sich besinnen?

2.

Ein Sandkorn lebte droben auf dem Berg.
Wie stark und kühn und schön wars anzusehen!
Ein Sandkorn lebte droben auf dem Berg.
Von unten war sein Anblick sehr erhebend.
Ein Sandkorn lebte droben auf dem Berg.
Der Berg schien um das Sandkorn sich zu drehen.
Ein Sandkorn lebte droben auf dem Berg.
Und plötzlich war es weg … Was war geschehen?
Wohin verschwand es nur? So fragt man sich.
Verweht vom Winde ward es sicherlich.
Nun, so was kommt mal vor, ist gar nichts Neues.
Ja und der Berg – er jubelt innerlich;
Ein Sandkorn zu vergessen – welche Freude!

Жизнь жука

Известный миру жук-рогач
Был в молодости жук-прыгач
И прыгал беззаботно.
Хоть утверждают знатоки,
Что вряд ли прыгают жуки,
Но молодому всё с руки –
Скачи куда угодно.

В семейной жизни жук-рогач
Был жук-строгач и жук-ругач,
Своих детишек жучил
За то, что дети – рогачи,
За то, что дети – прыгачи,
За то, что эти сморкачи
Отца родного учат!

Теперь состарился рогач.
Теперь он просто жук-брюхач,
Уж тут похвастать нечем.
Он не ругает прыгачей,
Он не ругает сморкачей,
Ругает он одних врачей
За то, что плохо лечат.

Ein Hirschkäfer

Ein Hirschkäfer, der war einst jung,
Vollführte täglich Sprung um Sprung,
Darin war er ein Meister.
Obwohl die Käferwissenschaft
Nicht glaubt, dass es ein Käfer schafft,
Sprang doch mit jugendlicher Kraft
Der Käfer hell begeistert.

Der Hirschkäfer ward Vater dann.
Er zeigte sich als strenger Mann,
Der seine Kinder rügte.
Dass sie, den Hirschen gleich, so weit
Nun sprangen wie in alter Zeit
Er selbst – es hat ihn nicht gefreut,
Weil er sie nie besiegte.

Der Hirschkäfer, er ist nun alt.
Sein Bauch ist dick, was die Gestalt
Unvorteilhaft verwandelt.
Er lässt die Springer Springer sein,
Schimpft nie auf sie, schimpft ganz allein
Auf Ärzte: die sind so gemein,
Dass sie ihn schlecht behandeln.

Волк в овечьей шкуре

За волком гонятся собаки.
Сопротивляться что за толк?
Чтоб избежать неравной драки,
Не быть затравленным как волк, –

Смирив жестокую натуру,
Пошёл матёрый на обман:
Он нацепил овечью шкуру...
И был зарезан как баран.

Wolf im Schafspelz

Die Hunde jagten hinterm Wolf her.
Sich wehren – gibt das einen Sinn?
Damit sie ihn nicht mehr verfolgen,
Hat er, den Hunden zu entfliehn,

Die wilde Meute keck betrogen,
Zur Täuschung – so als sei er brav –
Ein Schafsfell über sich gezogen ...
Und ward geschlachtet als ein Schaf.

* * *

К барану волк подкрался,
Но тут пропел петух.
Зверюга испугался,
Умчался во весь дух.

Баран вскричал: «Победа!»
И в лес, за волком вслед.
Преследовал, преследовал...
С тех пор барана нет.

* * *

Zum Hammel schlich ein Wolf sich,
Da krähte just ein Hahn,
Und unser Wolf floh ängstlich
So schnell, wie er nur kann.

Der Hammel rief: „Ich siege!"
Er hat den Wolf bequem
Bis in den Wald getrieben ...
Und ward nicht mehr gesehn.

Лесные шелесты

Говорит сосна травинке:
«Распрями, подруга, спинку.
Если хочешь быть в чести,
Постарайся подрасти».

Но травинка гнётся ниже:
«Я уж тут, к земле поближе.
Мало радости, сестра,
Быть в чести у топора».

Waldgeflüster

Zu dem Grashalm spricht die Kiefer:
„Beug dich doch nicht tief und tiefer!
Wenn du willst, dass man dich ehrt,
Wachse hoch, wie sichs gehört!"

Doch der Halm, er duckt sich nieder.
„Ach, hier unten ists mir lieber.
Es bringt wenig Freude ein,
Von der Axt geehrt zu sein."

* * *

Покрытая снегом, озябшая ёлка
Прильнула к окну, подобравши иголки,
И жадно глядела на ёлку в огнях,
Мечтая о собственных радостных днях.

А ёлка домашняя, в ярком уборе,
Вздыхала о ветре, о снежном просторе,
О том, что она променяла вчера
На пёструю роскошь и блеск серебра.

* * *

Voll Schnee und durchfroren sah neidisch die Fichte
Zum Fenster hinein, sah im Hause die Lichter
Des Weihnachtsbaums. Wie war er festlich geschmückt!
Sie träumte, auch ihr winke einst solch ein Glück.

Und drinnen der Baum, bunt mit Kugeln behangen,
Er sehnte zurück sich zu wogenden Tannen,
Zu Wind und zu Schnee, allem, was man ihm nahm,
Als prächtigen glitzernden Schmuck er bekam.

Погремушка

Осёл купил на рынке погремушку.
Хотел он прогреметь и вот – гремит:
Где погремушка, там и колотушка.
Колотят серого. Ну прямо срам и стыд!

Что говорить, осёл попал впросак,
Не знал он, видно, мудрого совета:
Не будь дурак. А если ты дурак,
Не будь дурак – хоть не звони об этом.

Schellen

Ein Esel kaufte auf dem Markte Schellen.
Er wollte schellen, und so schellt er nun.
Die Schellen haben ganz gewiss auch Schlegel,
Und Schläge kriegt der Graue für sein Tun.

Der Esel, ihm gereicht es nicht zu Ruhm.
Ein kluger Rat war ihm wohl nicht geläufig:
Sei nicht so dumm. Doch bist du trotzdem dumm,
Dann hüte dich, es auch noch auszuläuten!

Душа в деле

Проворный пёс, а зайца не догнал.
Пришлось ни с чем с охоты возвращаться.
Ох, этот заяц! Он хотя и мал,
А бегает – большому не угнаться.

А почему? Не взять собаке в толк.
Она ведь тоже бегает не хуже...
Собака только выполняет долг,
А заяц в пятки вкладывает душу.

Mit Seele

Solch flinker Hund – und fing den Hasen nicht.
Der Jäger trägt kein Wildbret heut nach Hause.
Oh, dieser Hase! So ein kleiner Wicht –
Und schaffts, dem großen Hund davonzusausen!

Wie kommt das nur? Der Hund versteht es nicht.
Er rennt ja wie ein Wiesel für sein Herrchen ...
Jedoch erfüllt der Hund allein die Pflicht;
Beim Hasen sitzt die Seele in den Fersen.

* * *

Синица хвасталась, что море подожжёт.
Вы слышали? Какое горе!
На берегу волнуется народ:
Хватает вёдра, носит воду к морю.

Синица хвасталась, но моря не зажгла.
Одумалась злодейка, вероятно.
Тут у народа новые дела:
Хватает воду и несёт обратно.

* * *

Die Meise hat geprahlt: „Heut zünd ich an das Meer!"
Na so etwas! Ein tüchtiger Schlamassel!
Drauf hastete die Tierwelt hin und her –
Aus Sümpfen schleppte sie zum Meer hin Wasser.

Die Meise prahlte, doch sie ließ das Meer in Ruh.
Mag sein, dass Reue sie nunmehr empfindet.
Die Tierwelt, sie kriegt wieder was zu tun:
Sie schleppt jetzt Meereswasser in die Sümpfe.

***

Лягушка попалась в рыбацкую сеть:
«Какая ж я рыба? За что мне терпеть?»
Когда ж на опушке попалась в ловушку,
«Да разве ж я зверь?» – завопила лягушка.

Ловцы на земле расставляют силки,
И реки сетями прудят рыбаки...
В такой обстановке, смертельно опасной,
Спасается тот, кто ни рыба ни мясо.

***

Ein Frosch, der geriet in ein Fischnetz hinein.
Er quakte: „Ich bin doch kein Fisch! Lasst mich heim!"
Am Waldrand, da saß er mal fest in der Falle
Und wütete: „Bin doch kein Tier aus dem Walde!"

Mit Fallen stelln Tierfänger Landtieren nach,
Mit Netz fängt man Fische im Fluss und im Bach.
Wird lebensbedrohlich ein solches Ereignis,
Dann rettet sich oft, wer nicht Fisch und nicht Fleisch ist.

Честь

У волка лев овечку отобрал.
Волк поднял шум. «Охота есть охота, –
Ответил лев. – Допустим, я украл,
А ты? Неужто честно заработал?»

Так кто же прав? И кто виновен здесь?
Ответ возможен только компромиссный.
Одна овца здесь сохранила честь,
Но, к сожалению, лишилась жизни.

Ehre

Der Löwe jagt dem Wolf ein Lämmchen ab.
Der Wolf erhebt Geschrei. „Gut, angenommen",
Versetzt der Löwe kühl, „dass ichs dir stahl.
Doch hast du selber ehrlich es gewonnen?"

Wer ist im Unrecht, wessen Wort ist wahr?
Als Kompromiss kann man zur Antwort geben:
Allein das Lamm hat Ehre hier bewahrt,
Doch leider kam es selbst dabei ums Leben.

* * *

Лев одряхлел. И всякий мелкий сброд
Ему грубит и правду-матку рубит.
Как ошибался он на этот счёт!
Ведь думал он – его и вправду любят.

Любили силу. Слабость не простят.
Как поздно эту истину открыл он:
У сильного всегда бессильный виноват,
А у бессильных – потерявший силу.

* * *

Der Löwe ward gebrechlich, und fortan
Verfolgte ihn die Rüpelei der Kleinen.
Er war enttäuscht, denn es zerstob sein Wahn,
Dass sie's mit Liebe zu ihm ehrlich meinen.

Sie lieben Stärke. Schwäche macht sie roh.
Wie spät ward diese Einsicht ihm geboren:
Für Starke ist der Schwache schuldig so und so,
Für Schwache – wer die Stärke hat verloren.

* * *

Придя к собаке на обед,
Волк от обиды чуть не плакал:
Хотелось бы на склоне лет
Пожить на свете, как собака.

Но тут же перестал грустить,
Заслышав цепи звон угрюмый,
И с облегчением подумал:
«Чем так звенеть, уж лучше волком выть!»

***

Beim Hund erschien zum Mittagsmahl
Der Wolf und heulte fast vor Kränkung –
Wie wünschte er, in jedem Fall
So satt zu sein wie dieser Wachhund!

Doch seine Kränkung, sie schwand bald;
Er dachte, als die Kette klirrte:
Nein, niemals trag ich solche Bürde,
Heul lieber wie ein Wolf im Wald!

Сказка о весёлом попугае

В одной весёлой клетке,
Где не житьё, а рай,
Жил на весёлой ветке
Весёлый попугай.

Он был со всеми в дружбе,
И сам себе не враг.
И у себя на службе
Твердил, что он дурак.

Такое заявленье
Разит наверняка.
Смеялось население:
«Видали дурака!»

И каждый, кто попало,
Спешил послушать, как
Весёлый этот малый
Твердит, что он дурак.

Все посмеяться рады,
Такой уж нынче свет.
Мы тоже не сократы,
Но это наш секрет.

Ведь это же нахальство –
Невозмутимо так
Под носом у начальства
Твердить, что ты дурак.

Märchen vom heiteren Papagei

In einem heitren Käfig
Hat wie im Paradies
Ein Papagei gesessen,
Der allzeit heiter blieb.

Im Dienst, da hielt er Freundschaft,
War auch sich selbst nicht feind,
Und er erzählte spaßhaft,
Dass er ein Dummkopf sei.

Nun, so eine Erklärung
Schockiert wohl jedermann.
Es lachte die Umgebung –
„Seht euch den Dummkopf an!"

Und jeder kam gelaufen
Herbei zum Papagei,
Zu hörn, wie der behauptet,
Dass er ein Dummkopf sei.

Man lacht – mal laut, mal leise,
So ist es hier und heut.
Auch wir sind keine Weisen,
Doch treten wirs nicht breit.

Was soll man dazu sagen,
Gibt jemand völlig dreist
Sehr nah der Chefetage
Die eigne Dummheit preis?

Начальство понимало
В премудрости своей,
Что честный этот малый,
Конечно, не Эйнштейн.

Но как самокритично,
Бескомпромиссно как
Он заявляет лично
О том, что он дурак!

И, как работник лучший,
А не шалтай-болтай
Продвинут был по службе
Весёлый попугай.

Сидит он веткой выше,
И это верный знак,
Что вряд ли кто услышит
О том, что он дурак.

В такой весёлой клетке,
Где не житьё, а рай,
Нахохлился на ветке
Весёлый попугай.

И смотрит туча тучей,
Такой на сердце мрак...
Насколько было лучше,
Когда он был дурак!

Die weisen Chefs verstanden:
Kein Einstein ist er zwar,
Nicht klüger als die andren,
Doch ehrlich – das ist klar.

Und selbstkritisch gesonnen,
Ganz ohne Kompromiss
Verkündet er voll Wonne,
Dass er ein Dummkopf ist!

Drum ward als Bestarbeiter,
Der keinen Unsinn schwätzt,
Er auf der Stufenleiter
Ein Stück empor gesetzt.

Sitzt einen Zweig nun höher,
Der gute Papagei,
Und kaum wird man noch hören,
Dass er ein Dummkopf sei.

Es plustert auf im Käfig,
Dem wahren Paradies,
Ein Papagei sich mächtig,
Der niemals Trübsal blies.

Sein Herz schlägt dumpf und müde,
Sein Blick ist trüb und starr ...
Wie gut gings ihm doch früher,
Als er ein Dummkopf war!

Песенка о верблюде

У верблюда не сложилась судьба,
Подвела верблюда жизнь, подвела:
У верблюда на спине два горба,
Нераскрывшихся к полёту крыла.

И бредёт верблюд пешком да пешком,
И свисают его крылья мешком,
И застыла на реснице слеза,
Заслоняя от него небеса.

Что же делать, что же делать, верблюд,
Если в небо нас с тобой не берут?
Если самый никудышный подъём
Мы не крыльями берём, а горбом?

Неизведанная даль голуба,
Нас тревожит и зовёт высота.
Не у каждого сложилась судьба,
Но у каждого сложилась мечта.

Lied vom Kamel

Ach Kamel, dich ließ das Schicksal im Stich,
Denn die Flügel, die du hast, tragen nicht.
Ungeöffnet sind sie Last nur für dich,
Schleppst als Höcker sie herum ewiglich.

Kannst nicht fliegen und dein Leben ist schwer,
Ziehst zu Fuß nur auf der Welt hin und her,
Eine Träne alle Sicht dir verdeckt,
Hat den Himmel vor den Blicken versteckt.

Was soll werden, was soll werden, Kamel,
Wenn der Himmel uns nicht aufnehmen will?
Wenn man jeden kleinen Hügel ergrimmt
Nur mit Höckern statt mit Flügeln erklimmt?

Unerforschter Horizont, er ist blau,
Hoch ins Ferne lockt uns himmlischer Raum.
Nicht ein jeder hält das Schicksal im Zaum,
Doch für jeden bleibt im Leben ein Traum …

pur der Zeit

* * *

Пришло Мгновенье в гости к Вечности,
Расправив пышные усы.
Сидеть бы им до бесконечности
И не смотреть бы на часы.

И ничего, что Вечность старая.
Какая старость! Раз живём!
Они б отличной были парою,
Но им недолго быть вдвоём.

* * *

Es kam einmal herbei zur Ewigkeit
Ein Augenblick und war ihr Gast.
Ach könnten beide doch für lange Zeit
Zusammen sitzen ohne Hast!

Was macht da schon der Altersunterschied?
Das Alter – darauf kommts nicht an.
Geschaffen sind sie fürs Beisammensein,
Doch das währt leider gar nicht lang.

След времени

Не оставляет рыба в море след,
И след не оставляет в небе птица.
В немом пространстве вереница лет
На мёртвый камень камнем не ложится.

У времени и веса даже нет,
Его нести и муравью не трудно.
Столетья невесомы, как секунды…
Откуда же на лицах наших след?

Spur der Zeit

Es bleibt die Spur des Fischs nicht, wo er schwamm,
Die Spur des Vogels bleibt nicht nach dem Fliegen.
Es hinterlässt die Zeitenfolge keine Bahn,
Wie Stein und Stein sich aneinanderfügen.

Die Zeit, sie hat noch nicht mal ein Gewicht.
Sogar ein kleiner Käfer kann sie tragen.
Jahrhunderte sind schwerelos wie Tage ...
Wie gräbt sie uns nur Furchen ins Gesicht?

Звёздные часы человечества

Наш предок был великим человеком,
Хоть кое в чём и отставал от нас.
Не потому ли каждый звёздный час
Он с вечностью сверял, не только с веком?

Мы временем умеем дорожить,
Нам не хватает ни часов, ни суток.
Наш звёздный час разложен по минутам,
Но мы не знаем, как его сложить.

Sternstunden der Menschheit

Der Ahne von uns allen war ein Meister,
Auch wenn er mancherlei noch nicht bedacht.
Hat er wohl deshalb in Bezug gebracht
Die Sternenstunde mit den Ewigkeiten?

Wir halten große Stücke auf die Zeit,
Tun kund, wie sie uns fehlt, in großer Runde,
Zerlegen minutiös die Sternenstunde,
Doch wie sie eins wird – wer weiß da Bescheid?

* * *

Изгибы ли это, изломы пути,
Фантазия времени или усталость,
Но то, что манило тебя впереди,
В какой-то момент позади оказалось.
А ты не заметил. Нелепый финал
Нарушил святые законы природы.
Так быстро ты гнался, что всё обогнал:
И лучшие чувства, и лучшие годы.
Они неподвижно стоят позади,
А ты всё уходишь, уходишь куда-то...
Пора возвращаться на круги свои,
Но круги не круги уже, а квадраты.

* * *

Was mag es nur sein? Ist es schlicht Phantasie,
Ists Müdigkeit oder die Krümmung des Weges?
Was früher gelockt in der Ferne als Ziel,
Kannst heute du plötzlich schon hinter dir sehen.
Du merktest es nicht. Dieser Schluss hat verletzt
Gesetze, die stets der Natur heilig waren.
Bist blicklos an allem vorübergehetzt:
An schönsten Gefühlen und glücklichsten Jahren.
Ganz still und ganz stumm stehn sie da hinter dir
Und schwinden, verdunkelt von unsteten Schatten ...
In heimische Kreise sollst du dich verliern,
Doch sinds keine Kreise mehr, sondern Quadrate.

* * *

Пейзажу сельскому навстречу,
Забыв о шуме городском,
Течёт дорога через речку
И называется мостом.

Струится каменно и строго,
В движенье обретя покой.
А под мостом течёт дорога
И называется рекой.

Бегут, бегут пути земные,
Спешат неведомо куда.
Стоят столбы, как часовые,
И называются: года.

И каждый постоит немного
И растворится без следа.
А мимо них бежит дорога
И называется: судьба.

* * *

Der stillen Dorflandschaft entgegen,
Befreit vom Lärm der großen Stadt,
Schwingt übern kleinen Fluss ein Weg sich,
Dem man den Namen Brücke gab.

Sie schwebt dahin, zu Stein geworden,
Weil in Bewegung Ruh sie fand.
Und unter ihr – ob heut, ob morgen –
Fließt eine Straße, Fluss genannt.

Es eilen rings vieltausend Wege
Zum Ziel, das niemand kann erspähn,
Sind abgesteckt mit strengen Pfählen;
Die Jahre sind es, die dort stehn.

Jedoch schon bald löst jeder Pfahl sich
Im Nebel auf, das wissen wir;
Daran vorbei fließt eine Straße
Und Schicksal heißt das Wort dafür.

Я шагаю в молодость

И пошёл я в молодость.
Шёл и шёл.
Чтоб не заблудиться, спрашивал дорогу.
А вокруг смеются.
Это хорошо.
Значит, моя молодость где-то недалёко.

Я шагаю в молодость.
Прибавляю шаг.
Иногда звоню жене, чтобы не грустила.
Только одного я не пойму никак:
По дороге в молодость убывают силы.
По дороге в молодость горбится спина,
По дороге в молодость ноет поясница.
Кудри осыпаются. Даже седина
Из почтенья к лысине склонна расступиться.

Я шагаю в молодость.
Замедляю шаг.
Что-то эта молодость выглядит, как старость...
Эх, дорога в молодость,
Всем ты хороша!
Но кому готовилась, а кому досталась.

Ich geh hin zur Jugendzeit

Ich ging hin zur Jugendzeit.
Ging und ging.
Um nicht fehlzugehen, frag ich nach dem Wege.
Ringsum hör ich Lachen.
Denk mir: Das ist gut,
Also ist die Jugendzeit ziemlich in der Nähe.

Ich geh hin zur Jugendzeit.
Schreite schnell voran.
Rufe meine Frau an, sie soll Trübsal nicht empfinden.
Aber eines gibt es, das ich nicht begreifen kann:
Auf dem Weg zur Jugendzeit fühl ich Kräfte schwinden.
Auf dem Weg zur Jugendzeit wird mein Rücken krumm.
Auf dem Weg zur Jugendzeit hab im Kreuz ich Schmerzen.
Locken fallen von mir ab. Um den Kopf herum
Weicht graues Haar zurück, die Glatze zu verstärken.

Ich geh hin zur Jugendzeit.
Halte schließlich ein.
Dass sie wohl dem Alter gleicht, merke ich mit Bangen …
Ach, du Weg zur Jugendzeit,
Herrlich kannst du sein!
Doch wo einer gehn wird, ist der andre schon gegangen.

Размышление на ветру

Недели по ветру летят,
Как мелкий дождик сеют.
От огорчений и утрат
Календари лысеют.

И, потеряв неделям счёт,
Январь спешит к июлю.
И жизнь течёт.
И жизнь течёт,
Как старая кастрюля.

И время всё бежит, бежит,
Как молоко на плитке.
Никто его не сторожит.
Кругом одни убытки.

Gedanken im Wind

Es fliegen die Wochen im Wind
Wie Tröpfchen von feinstem Regen.
Vor Kummer und Einbußen sind
Kalender schon dünn allerwegen.

Der Januar eilt stracks dahin,
Dem Juli sich zu opfern.
Das Leben rinnt.
Das Leben rinnt
Wie Wasser aus dem Topfe.

Die Zeit läuft schäumend uns davon
Wie heiße Milch vom Herde.
Und keiner bringt sie zur Räson.
Sie lässt uns bange werden.

Календарь

Недолог век календаря –
Всего лишь только год.
От января до декабря
На свете он живёт.
Он отдаёт свои листы,
Худеет с каждым днём,
И если ваши дни пусты –
Подумайте о нём.
У вас в году немало дел,
И вы за то в ответе,
Чтоб календарь не пожалел,
Что он живёт на свете.

Der Kalender

Ach, ein Kalender lebt ein Jahr,
Es ist so, wie ichs sag,
Von Anbeginn des Januar
Bis zum Silvestertag.
Er magert ab, schenkt Blatt um Blatt
Aus dem papiernen Bauch,
Und wenn ihr leere Tage habt,
Dann denkt an ihn mal auch.
Im Jahr erwartet vieles euch,
Drum würde er erstreben,
Am Jahresend nicht zu bereun,
Dass er gelebt sein Leben.

Сказка о времени

Жил король.
Поставив ногу в стремя,
Чтоб начать кровавую войну,
Он вздыхал: – Живём в такое время...
Люди лучше жили в старину.

Жил бандит.
И он, в глухую темень
Выходя с дубиной на разбой,
Проклинал лихое это время,
Очень недоволен был судьбой.

Жил бедняк.
Неся двойное бремя,
Был он тоже с веком не в ладу.
И, конечно, сваливал на время
Всю свою обиду и беду.

Жило время.
Древнее такое,
Что его ничем не удивишь.
И оно, махнув на всё рукою,
Думало: «На всех не угодишь!»

Старенькое,
Руганное всеми...
Мы-то, люди, думаем подчас,
Что всего лишь отражаем время,
А ведь время – отражает нас...

Ein Märchen von der Zeit

Als ein König ausritt,
Krieg zu führen,
Sprach er seufzend: „So ist halt die Zeit.
Sie verlangt zu kämpfen und zu siegen.
Besser wars in der Vergangenheit."

Als ein Räuber aufbrach
Mit der Keule,
Um zu rauben in stockdunkler Nacht,
Da verfluchte er die bösen Zeiten,
Die zu einem Räuber ihn gemacht.

Als ein Armer anhub
Nachzudenken,
Fand er, dass die Last er zweifach trägt.
Und ihm schien, die Not, die ihn so kränkte,
Sei nur von der Zeit ihm auferlegt.

Und die Zeit?
Sie hat das kaum beachtet,
War sie doch uralt und welterfahrn.
Drum hat sie nur abgewinkt und dachte:
Allen alles recht tun geht nicht an!

Ein Gedanke
Schafft uns Seelenfrieden,
Lässt uns ruhig schaun auf unsre Welt:
Dass in uns die Zeit sich widerspiegelt. –
Dabei spiegeln wir in ihr uns selbst ...

есовершенство двигает прогресс

)as Unvollkommne treibt den Fortschritt an

* * *

Бессмысленно вращаясь век за веком
И только этим душу веселя,
Обзавелась разумным человеком
Простая, неразумная Земля.

Любой процесс с другими тесно связан,
И всё-таки загадочно весьма:
Зачем Земле понадобился разум?
Не для того ли, чтоб сойти с ума?

* * *

Die Erde, sinnlos drehend sich im Kreise,
Was ihre reine Seele lustig fand,
Hat auf naive, ahnungslose Weise
Sich angeschafft den Menschen mit Verstand.

Es hängt ja alles irgendwie zusammen,
Und dennoch fragen wir uns interessiert,
Wozu Vernunftbegabte auf die Erde kamen ...
Vielleicht – damit sie den Verstand verliert?

Отбор

Всё немощное отмирает,
Едва вступает с жизнью в спор.
Природа лучших отбирает –
Таков естественный отбор.

И хоть один бы выпал случай,
Когда б, всесильная, сама
Она уничтожала лучших, –
Природа не сошла с ума.

Но есть отбор иного рода,
Ей непонятного.
Увы!
Свои примеры у природы,
У человечества – свои.

Auslese

Es stirbt ja aus ein jedes Wesen,
Wenn es dem Leben nicht mehr nützt.
Die Besten werden auserlesen
Von der Natur, von ihr beschützt.

Und niemals kam es vor, ich wette,
Dass die Natur, die alles kann,
Die Besten selbst vernichtet hätte
Denn nie verlor sie den Verstand.

Doch solcher Regeln geht verlustig
Die Auslese bei uns.
Wie schad!
Natur, sie folgt den einen Mustern
Und anderen – der Menschenstaat.

* * *

Несовершенство двигает прогресс,
Несовершенство камня и металла,
А совершенство от всего устало
И к жизни потеряло интерес.

Несовершенство двигает прогресс,
Несовершенство быта и комфорта,
А совершенство всё послало к чёрту,
Поскольку мягко спит и сладко ест.

Несовершенство двигает прогресс,
Несовершенство знания и мысли,
А совершенству мысли ненавистны,
Ведь легче жить не с мыслями, а без.

Несовершенство двигает прогресс –
Всё выше, всё быстрее век от века...

И лишь несовершенство человека
Его на землю шмякает с небес.

* * *

Das Unvollkommne treibt den Fortschritt an –
Das Unvollkommne von Metall und Steinen –,
Doch das Vollkommene wird müd sich zeigen
Und ist dem Leben nicht mehr zugetan.

Das Unvollkommne treibt den Fortschritt an –
Das Fehlen von Komfort, das wir erfühlen –,
Doch das Vollkommne sagt sich los von Zielen,
Wenn es bequem die Zeit verbringen kann.

Das Unvollkommne treibt den Fortschritt an –
Der Hunger nach Gedanken und nach Wissen –,
Wer nichts erstrebt, wird Wissen nicht vermissen,
Viel leichter lebt dahin manch Dummerjan!

Das Unvollkommne treibt den Fortschritt an,
Ja, immer höher, schneller soll es gehen ...

Und nur das Unvollkommne in des Menschen Wesen
Stürzt ihn hinab von seiner Himmelsbahn.

Урок природе

Трамваи, телеги, кареты,
Троллейбусы и такси
Гоняют по белу свету,
Планету исколесив.
А ноги выходят из моды.
Никто в них не верит всерьёз.
Напрасно, напрасно природа
Оставила нас без колёс.
Быть может, она поспешила
Тогда по незрелости лет,
А может быть, просто решила,
Что правды в колёсах нет.
Мы взяли колёса с бою,
Мы дали природе урок.
От радости мы под собою
Почти что не чувствуем ног.
Колёс мы не чувствуем тоже
В стремительный век ракет.
Мы мчимся, мы скорости множим,
У времени времени нет.
Звенят позади трамваи,
Телеги скрипят позади,
И мы от себя улетаем...
Счастливого нам пути!

Eine Lehre für die Natur

Die Bahnen, die Kutschen mit Pferden,
Die Autos, sie fahren daher,
Rolln hin über unsere Erde,
Kein Ort, der zu fern ihnen wär!
Doch sind unsre Füße, die braven,
Außer Mode gekommen schon heut.
Die Natur, die ohne Rad uns geschaffen,
Hat vielleicht es inzwischen bereut.
Mag ja sein, sie hatte es eilig,
War noch jung, wusste nicht, was gelingt,
Oder aber – sie sagte vielleicht sich,
Dass ein Rad nichts Wahres ihr bringt.
Wir haben das Rad uns erobert,
Der Natur eine Lehre erteilt.
Vor Begeisterung, die in uns lodert,
Spürn wir kaum noch die Füße derweil.
Doch auch Räder spürn wir nicht immer,
Da Raketen man startet weltweit.
Schnell und schneller fliegt man am Himmel,
Die Zeit, sie hat keine Zeit.
Fern hinter uns klingeln die Bahnen,
Die Kutschen, sie knarrn unentwegt,
Und wir fliegen uns selber von dannen ...
So wünsch ich uns Glück auf dem Weg!

* * *

Вот и рухнули преграды,
Воссиял свободы дух.
Разбрелось по полю стадо,
Каждый сам себе пастух.

Но не одолел природы
Возвышающий обман.
Так устроена свобода:
Каждый сам себе баран.

* * *

Nun verschwand so manche Sperre,
Freiheitsgeist hat man verspürt.
Auseinander lief die Herde,
Jeder ist sein eigner Hirt.

Doch der Taumel sondergleichen
Hat Natur nicht abgeschafft.
Ja, so geht es mit der Freiheit:
Jeder ist sein eignes Schaf.

Гражданская песня

Дороги знойные пылят,
Дробятся под копытами,
И содрогается земля,
Изрытая, избитая,
Изведавшая сталь штыка,
Тупой удар снаряда,
Во все года, во все века
Не знавшая пощады.

А солнце над землёй встаёт
Горячее, горячее.
Оно планете отдаёт
Тепло своё незрячее.
Блестят под солнцем купола
В рассветах и пожарах,
И бродит огненная мгла
Вокруг земного шара.

И вот уж сколько тысяч лет
По всем путям нето́реным
Идёт, шагает по земле
Всемирная История.
Египет, Греция и Рим –
Всё проплывает мимо.
И Древний Рим неповторим,
Как жизнь неповторима.

Erdenbürgerlied

Auf Straßen wirbelt heißer Staub,
Wenn Hufgetrappel sie erfüllt.
Es bebt vom raschen Pferdelauf
Die Erde, zag und aufgewühlt.
Sie kennt der Bajonette Stich,
Den Aufprall der Geschosse,
Sah Zwist und Hader ewiglich,
Hat Gnade kaum genossen.

Die Sonne aber steigt und scheint
Am Himmel heiß wie jeden Tag.
Sie haucht der Erde Wärme ein
Als Lebensquelle, ungefragt.
Die Kuppeln spiegeln manchen Brand
Und Abendrot, ein spätes.
Ein Feuernebel zieht durchs Land,
Umrundet den Planeten.

Seit vielen tausend Jahren bricht
Sich Weltgeschichte ihre Bahn,
Strebt fort vom Licht und hin zum Licht
Und schreitet immerfort voran.
Ägypten, Griechenland und Rom –
Manch Reich ward aufgegeben.
Das alte Rom war einzig schon,
So wie ein jedes Leben.

И так идёт за веком век,
Сменяя поколения.
И смотрит каждый человек
На землю с изумлением.
Ему в диковину трава
И дали голубые.
Земля для каждого нова,
Открытая впервые.

Не замедляет время бег,
Работает ускоренно.
И каждый тащит на себе
Всемирную Историю.
Дороги знойные пылят,
Сечёт жестокий ветер.
Мы сохраним тебя, Земля,
Для будущих столетий!

Nur wenig Zeit wird uns gewährt
Im Strome der Jahrhunderte,
Und keinen gibts, der sich zuerst
Über die Welt nicht wunderte.
Ein Wunderding sind für uns Gras
Und neblig blaue Fernen.
Neu ist die Welt für jeden ja
Beim ersten Kennenlernen.

Die Zeit, sie bremst ihr Tempo nicht –
Wir sehn, wie sie noch schneller eilt.
Und jede, jeder schleppt mit sich
Der Weltgeschichte kleinen Teil.
Auf Straßen wirbelt heißer Staub,
Ein Sturm treibt uns zu Paaren.
Lasst uns die Erde, mit Verlaub,
Für Künftige bewahren!

Охраняйте памятники будущего!

Охраняйте памятники будущего,
Завтрашние – больше, чем вчерашние.
Нет у них ни прошлого цветущего,
Ни влиятельного настоящего.

Все они пока ещё в возможности,
С ними, бестелесными, воздушными,
Обращаться нужно с осторожностью:
Шаг неловкий – и они разрушены.

Только словом, только мыслью ранить их –
И разрушатся до основания
Памятники, что живут не в памяти,
А в надеждах наших, ожиданиях.

Прошлое уходит – мир входящему!
И в делах своих, в заботах будничных
Каждую минуту настоящего
Охраняйте памятники будущего!

Hütet die Denkmale der Zukunft!

Hegt die Denkmale der Zukunft, hütet sie –
Mehr als Denkmale aus der Vergangenheit.
Ach, sie sind nicht wie Vergangnes voll Magie,
Nicht wie Heutiges voll Einfluss auf die Zeit.

Alle sind sie, wenn wir leben, träumbar erst,
Wie ein Bild, das körperlos der Zukunft harrt,
Und sie wolln, dass man mit ihnen sanft verfährt –
Eine Grobheit löscht sie aus auf immerdar.

Kommt einmal uns in den Sinn ein falsches Wort –
Schon zerstieben sie auf Nimmerwiedersehn,
Leben sie doch nicht in der Erinnrung fort,
Sondern können nur in unsrem Wunsch bestehn.

Altes, es vergeht, Bahn frei der neuen Zeit!
Und bei allem, was euch auf der Seele liegt,
Sei das Streben stets auch diesem Ziel geweiht:
Hegt die Denkmale der Zukunft, hütet sie!

Anhang

Приложение

Автобиография

Я родился в счастливом 1928 году. Если сумма двух левых цифр равна сумме двух правых, год считается счастливым. И в свидетельстве о смерти, выданном мне при рождении, смерть была зачёркнута, а вместо неё вписано, что я родился. Вторично вряд ли так повезёт.

Счастливым было и место, где я родился: порт отправления был действительно порт – Мариуполь, Донецкой области. Впоследствии в моей жизни было много портов, хотя жизнь я вёл по преимуществу сухопутную.

После гибели отца, который не выплыл из Чёрного моря, мы переехали в Одессу, и я всё надеялся, что отец выплывет. Год был несчастливый, 1933, из него многие не выплыли – даже на суше.

В следующем счастливом году (1+9=3+7) о моём отце говорили, что он счастливо отделался. Такой это оказался счастливый год. Не всё от года зависит. В жизни многое зависит от людей, хотя мало кто из людей в это верит.

Война застала меня в придунайском городе Измаиле – третьем порту после Мариуполя и Одессы. Он тоже оказался портом отправления, но такого, что хуже не придумаешь.

Эвакуация – отправление в неизвестность, о котором известно лишь то, что нас нигде не ждут. Смерть, которую уже вычеркнули однажды, опять подстерегала на каждом шагу, принимая самые разные обличья: то летящих на голову бомб, то голода, то бесприюта. Но кто-то добрый и человечный снова и снова вычёркивал смерть, и в конце пути мы смогли остановиться, расположиться, а я даже пошёл в школу и окончил шестой класс.

По возвращении в Измаил в 1945 году я наконец использовал этот порт по назначению: отправился в плаванье на самоходной барже «Эдельвейс». Сначала учеником, а потом мотористом. Тут-то в моей жизни прибавилось портов. Ещё шла война, и мимо нас проплывали убитые лошади, невинные жертвы на этой вовсе не лошадиной войне.

Третий счастливый год был послевоенный (1+9=4+6). Сойдя

Autobiografie

Geboren wurde ich im Glücksjahr 1928. Ist die Summe der beiden linken Zahlen gleich der Summe der beiden rechten, so gilt das Jahr als glücklich. In der Sterbeurkunde, die man bei meiner Geburt ausstellte, war der Tod durchgestrichen und durch den Vermerk ersetzt, ich sei geboren. Solch ein Glück wird mir wohl kein zweites Mal zuteil.

Glücklich war auch mein Geburtsort: mein Hafen ins Leben war wirklich ein Hafen – Mariupol im Donetzker Gebiet. Später gab es noch viele Häfen in meinem Leben, obwohl ich es größtenteils an Land zubrachte.

Nach dem Tod meines Vaters – aus dem Schwarzen Meer tauchte er nicht mehr auf – zogen wir nach Odessa, und immer noch hoffte ich, dass Vater auftaucht. Es war ein Unglücksjahr, 1933, aus ihm tauchten viele nicht mehr auf, selbst an Land.

Im nächsten Glücksjahr (1+9=3+7) sagte man von meinem Vater, er sei glücklich davongekommen, so ein Glücksjahr war das. Nicht alles hängt vom Jahr ab. Vieles im Leben hängt von Menschen ab, obwohl kaum jemand daran glaubt.

Der Krieg überraschte mich in Ismail an der Donau – meinem dritten Hafen nach Mariupol und Odessa. Auch er erwies sich als Starthafen, aber so, wie man es sich schlimmer nicht vorstellen kann.

Evakuierung bedeutete Fahrt ins Unbekannte, von dem nur bekannt war, dass man uns nirgendwo erwartet. Wieder lauerte überall der Tod, der einst schon ausgestrichene, und nahm verschiedenste Gestalten an: mal von Fliegerbomben, von Hunger, mal von Obdachlosigkeit. Aber wieder und wieder strich jemand gut und menschlich den Tod aus, und am Ende des Weges konnten wir bleiben, Fuß fassen, ja ich ging sogar in die Schule und schloss die sechste Klasse ab.

1945 nach Ismail zurückgekehrt, nutzte ich endlich den Hafen seiner Bestimmung gemäß: an Bord eines Motorkahns mit dem deutschen Namen „Edelweiß" ging ich auf große Fahrt, zuerst als Bootsjunge, später als Motorentechniker. Nun kamen für mich weitere Häfen hinzu. Noch war Krieg, an uns vorbei trieben tote Pferde, unschuldige Opfer eines ganz und gar nicht pferdegemäßen Krieges.

Im dritten Glücksjahr (1+9=4+6) war der Krieg schon beendet. Ich

на берег, я работал ночным корректором в газете «Придунайская правда», а чуть позже там же литературным работником и ещё позже радиожурналистом Измаильского областного радиокомитета. Вечерами ходил в школу, которая так и называлась: вечерняя. В самом начале этого счастливого года в газете были впервые напечатаны мои стихи.

Потом я учился в Киевском педагогическом институте, а по окончании в 1951 году был направлен учителем в исходный порт Мариуполь, вместе с ещё одной студенткой, которая стала моей женой. Она была киевлянка и, конечно, скучала по Киеву, но вернуться туда мы смогли только через три года, отработав положенный срок.

Киев меня не узнал. Он не хотел никуда принимать меня на работу. Он ещё не оправился от борьбы с космополитизмом и дела врачей-вредителей. И в год всё той же ни в чём не повинной работяги Лошади я оказался безработным.

Но за годом Лошади наступил счастливый 1955 год. Год счастливого Козла отпущения из Киева в Ужгород на счастливую издательскую работу. Там я проработал редактором Закарпатского областного книжного издательства с 1955 по 1964 год. За это время успел стать членом Союза писателей Украины (в 1962 году).

Когда имеешь работу, можно оглядеться, посмотреть по сторонам. Я посмотрел и увидел сказочный край. Но, как бывает в жизни, было много и такого, что сказки было рано писать, и я стал писать полусказки. В Москве вышли книги «Вокруг капусты», «В стране вещей», в Ужгороде – «Карманная школа», а в счастливом 1964 году – книжка «Полусказки».

О следующем счастливом 1973 году могу сказать, что я счастливо отделался – после того, как пустили под нож книгу «Подражание театру». Так что, как говорил мой друг закарпатский писатель Иосиф Жупан, в жизни которого были и расстрелы, и концлагеря, – жаловаться грешно, а хвастаться смешно. Жизнь – не жалобная книга.

В 1990 году стал лауреатом республиканской премии имени В. Г. Короленко – за год до счастливого 1991 года, и такое бывает.

ging von Bord, wurde in der Zeitung „Pridunaiskaja prawda" Nacht-korrektor, später in derselben Zeitung Redaktionsmitarbeiter für Li-teratur und noch später Journalist im Rundfunkkomitee des Gebiets Ismail. Abends besuchte ich eine Schule, die auch so hieß: Abendschule. Ganz am Anfang dieses glücklichen Jahres druckte die Zeitung meine ersten Gedichte.

Danach studierte ich an der Kiewer Pädagogischen Hochschule, und als ich sie 1951 beendet hatte, schickte man mich als Lehrer in meinen Starthafen Mariupol, gemeinsam mit einer Studentin, die meine Frau wurde. Sie war Kiewerin und sehnte sich nach ihrer Stadt, aber zurück konnten wir erst, nachdem wir die vorgeschriebene Zeit, drei Jahre, in Mariupol abgearbeitet hatten.

Kiew erkannte mich nicht, hatte für mich keine Arbeit. Vom Kampf gegen „Kosmopolitismus" und „volksfeindliche Ärzte" hatte sich die Stadt noch nicht erholt. So stand ich im Jahre des wie stets unschul-digen arbeitswilligen Pferdes arbeitslos da.

Aber nach dem Jahr des Pferdes kam das Glücksjahr 1955, das Jahr der glücklichen Entlassung des Sündenbocks nach Užgorod, zu glück-licher Verlagsarbeit. Von da an bis 1964 war ich dort Lektor im Buch-verlag des Westkarpatengebietes und schaffte es sogar, in den Schrift-stellerverband der Ukraine aufgenommen zu werden (1962).

Hat man Arbeit, so kann man sich umsehen. Ich tat es und erblickte ein märchenhaftes Land. Aber so manches ließ mich auch denken, zum Märchenschreiben sei es noch zu früh. Also schrieb ich „halbe Mär-chen". In Moskau erschienen die Bücher „Rund um den Kohl" und „Im Lande der Sachen", in Užgorod „Die Taschenschule" und während des Glücksjahres 1964 „Halbe Märchen".

Vom nächsten Glücksjahr, 1973, kann ich sagen, ich sei glücklich davongekommen, nachdem mein Buch „Nachgeahmtes Theater" ein-gestampft wurde. Es ist schon so, wie mein Freund Jossif Župan, Schriftsteller aus den Westkarpaten – er hatte Erschießungen und Kon-zentrationslager erlebt – einmal sagte: sich beschweren ist sündhaft und sich brüsten lachhaft. Das Leben ist kein Beschwerdebuch.

Im Jahre 1990 verlieh mir die Ukraine den Korolenko-Preis, obwohl erst 1991 wieder ein Glücksjahr war. Auch so etwas kommt vor.

В 1998 году уехал на постоянное жительство в Израиль. Живу в Беер-Шеве. Член Союза русскоязычных писателей Израиля, автор тридцати пяти книг: прозы, стихов, книг для детей.

И вот я оглядываюсь на прожитую жизнь. Хорошая была жизнь, хотя и не всегда пригодная для жизни. Счастливая жизнь – это бочка мёда, в которую непременно должна быть добавлена ложка дёгтя, для остроты. Но случается, что их перепутывают и в бочку дёгтя кладут ложку мёда.

Но как бы то ни было, все мы тащили эту бочку с ложкой на себе, и это нас так сближало в самые несчастливые годы, как не сближает жизнь из чистого мёда. И самое страшное всегда кто-то зачёркивал, как зачеркнул смерть в моём свидетельстве о рождении.

Одно меня беспокоит. 1991 год был последним счастливым годом в прошедшем столетии, а в XXI их будет только три. В XX было девять – и то не медовый был век, а если всего три счастливых года – как же тогда жить нашим потомкам?

Хорошо, что не всё зависит от суммы цифр и содержимого бочки и ложки. Люди будут жить, общаться, смеяться, а значит, всё будет хорошо.

Хотя и от смеха тоже не всё зависит. Чувство юмора – это лёгкое чувство, но одновременно и очень тяжёлое: его невозможно поднять на вершины власти.

Феликс Кривин

1998 übersiedelte ich nach Israel und wohne seitdem in Beer-Sheva. Ich bin Mitglied im Verband russischsprachiger Schriftsteller Israels. Veröffentlicht habe ich 35 Bücher – Prosa, Lyrik und Kinderliteratur. Nun schaue ich zurück. Gut war mein Leben, wenn auch nicht immer zum Leben geeignet. Ein glückliches Leben ist ein Fass Honig, dem ein Löffel Teer beigemengt wird, der Schärfe wegen. Doch kommt es vor, dass man sie verwechselt und einen Löffel Honig in ein Fass Teer füllt. Wie dem auch sei, wir haben es mit uns herumgeschleppt, das Fass mit dem Löffel voll. Selbst in unglücklichsten Jahren brachte uns das einander viel näher als ein Leben aus reinstem Honig. Und immer wieder strich jemand das Allerschlimmste aus, wie in meiner Geburtsurkunde.

Eines jedoch beunruhigt mich. Neun glückliche Jahre gab es im vergangenen Jahrhundert, das dennoch kein Honiglecken war. Das neue, einundzwanzigste dagegen enthält nur noch drei. Wie ergeht es da unseren Nachkommen?

Freilich – nicht alles hängt von der Summe der Zahlen und vom Inhalt des Fasses und des Löffels ab. Die Menschen werden leben, zueinander kommen, lachen, und alles wird gut.

Aber auch vom Lachen hängt nicht alles ab. Humor, er ist leicht, zugleich jedoch sehr schwer – bis hinauf zu den Gipfeln der Macht lässt er sich nicht tragen.

Felix Krivin

Комментарии

«Суд Париса»
Обыгрывается сюжет мифа о споре трёх богинь из-за яблока раздора с надписью «Прекраснейшей» (см. Гомер, Еврипид). Парис, сын троянского царя Приама оказался тем смертным, к суду которого прибегли богини Гера, Афина и Афродита.

«Мушкетёры»
Д'Артаньян – герой романа Александра Дюма (1802–1870) «Три мушкетёра».

«В защиту Януса»
Янус – в римской мифологии божество дверей, входа и выхода. Изображался с двумя лицами, обращёнными в прошлое и будущее.

«Герой нашего времени»
Название стихотворения восходит к одноимённому роману М.Ю. Лермонтова (1814–1841), в предисловии к которому поэт пишет: «<...> это портрет, составленный из пороков всего нашего поколения, в полном их развитии».
Стихотворение перекликается и с популярной в России серией мультфильмов «Ну, погоди!», в которой волк всё время гонится за зайцем, но тому всегда удаётся убежать. А в стихотворении заяц мечтает о том, чтобы грозное «Ну, погоди!» волка превратилось в робкую просьбу: *Разрешите погодить, / Гражданин майор?*

«Сократ», «Рядом с мудростью»
Сократ – древнегреческий философ (ок. 470–399 до н. э.), был обвинён в «поклонении новым божествам» и казнён (принял яд цикуты). Ксантиппа – жена Сократа.

Kommentare

„Ein Urteil des Paris"
ist eine Anspielung auf den Mythos vom Streit dreier Göttinnen – Hera, Athene und Aphrodite – um den Zankapfel mit der Aufschrift „Der Schönsten" (s. Homer und Euripides). Paris, sterblicher Sohn des trojanischen Königs Priamos, sollte den Streit entscheiden.

„Musketiere"
D'Artagnan gehört zu den Helden des Romans „Die drei Musketiere" von Alexandre Dumas (1802 1870).

„Verteidigung des Janus"
Janus ist in der römischen Mythologie Gott der Türen, der Ein- und Ausgänge. Wurde dargestellt mit zwei Gesichtern, die der Vergangenheit und der Zukunft zugewandt sind.

„Ein Held unserer Zeit"
Der Titel des Gedichts weist auf den gleichnamigen Roman Michail Lermontows (1814–1841), in dessen Vorwort der Dichter schreibt: „[...] dies ist ein Porträt, zusammengestellt aus den Untugenden unserer gesamten Generation in ihrer vollen Entwicklung."
Zugleich ist das Gedicht eine Anspielung auf die in Russland seit Jahrzehnten beliebte Trickfilmserie „Na warte!", in der es dem listigen Hasen stets gelingt, dem ihn verfolgenden Wolf zu entwischen. Hier im Gedicht ist im Traum des Hasen aus dem drohenden „Na warte!" des Wolfs eine schüchterne Bitte geworden: Fragt der Wolf: *„Ach könnten Sie / Warten, Herr Major?"*

„Sokrates", „Gefährtin der Weisheit"
Sokrates (um 470–399 v. Chr.), ein bedeutender Philosoph des antiken Griechenlands, wurde wegen „Verehrung fremder Götter" zum Tode verurteilt und musste den Schierlingsbecher trinken. Xanthippe war seine Gattin.

«Круги на песке»

Архимед (ок. 287–212 до н. э.), древнегреческий учёный, согласно преданию, был застигнут за составлением чертежа на песке и убит римским солдатом во время штурма Сиракуз (Сицилия).

«Бочка»

Диоген (ок. 400–ок. 325 до н. э.) – древнегреческий философ. Практиковал крайний аскетизм. По преданию, жил в бочке.

«Санчо Панса»

Санчо – герой романа испанского писателя Мигеля де Сервантеса Сааведра (1547–1616), практичный крестьянин и верный оруженосец рыцаря Дон-Кихота.

«Наследие Декарта и Вийона»

Я мыслю – значит, существую („Cogito, ergo sum“) – знаменитое высказывание французского философа Рене Декарта (1596–1650).

Я сомневаюсь – значит, мыслю – относится к «Балладе поэтического состязания в Блуа» французского поэта Франсуа Вийона (1431 или 1432 – после 1463). В ней есть строка: „Doubte ne fais, fors en chose certaine“ («Ни в чём не сомневаюсь, только в том, что бесспорно»).

«В начале было слово»

Робинзон и *Пятница* – герои романа английского писателя Даниэля Дефо (ок. 1660–1731) «Жизнь, необыкновенные и удивительные приключения Робинзона Крузо, <...> написанные им самим».

«Скупые рыцари»

Название стихотворения восходит к одной из «Маленьких трагедий» А.С. Пушкина (1799–1837), «Скупой рыцарь», которая лежит также в основе одноимённой оперы С.В. Рахманинова (1873–1943).

„Kreise im Sand"
Der Legende nach wurde bei der Eroberung von Syrakus (Sizilien) durch die Römer der altgriechische Gelehrte *Archimedes* (um 287–212 v. Chr.) von einem römischen Krieger überrascht, als er Kreise in den Sand zeichnete, und getötet.

„Das Fass"
Der altgriechische Philosoph *Diogenes* (um 400–um 325 v. Chr.) lebte extrem asketisch. Der Überlieferung nach wohnte er in einer Tonne.

„Sancho Pansa"
ist eine Figur aus einem Roman des spanischen Schriftstellers Miguel des Cervantes Saavedra (1547–1616), dargestellt als Bauer von praktischem Verstand und treuer Knappe des Ritters Don Quijote.

„Das Erbe von Descartes und Villon"
Ich denke – bin drum auch vorhanden – von dem französischen Philosophen René Descartes (1596–1650) stammt der berühmte Spruch „Cogito, ergo sum" („Ich denke, also bin ich").
Ich zweifle, und das heißt – ich denke – der Spruch bezieht sich auf die „Ballade vom Dichterwettstreit zu Blois" des französischen Dichters François Villon (1431 oder 1432 – nach 1463). In ihr findet sich die Zeile: „Doubte ne fais, fors en chose certaine" („Ich bezweifle nichts außer dem Sicheren").

„Am Anfang war das Wort"
Robinson und *Freitag* sind Helden aus dem Roman „Das Leben und die seltsamen überraschenden Abenteuer des Robinson Crusoe, [...] geschrieben von ihm selbst") aus der Feder des englischen Schriftstellers Daniel Defoe (um 1660–1731).

„Geizige Ritter"
Der Titel des Gedichts weist auf eine der „Kleinen Tragödien" von Alexander Puschkin (1799–1837), „Der geizige Ritter". Sie wurde auch zur literarischen Vorlage für die gleichnamige Oper von Sergej Rachmaninow (1873–1943).

«Йорик»

Это имя придворного шута в пьесе Вильяма Шекспира (1564–1616) «Гамлет». Стоя у открытой могилы и держа в руке череп Йорика, Гамлет сетует на жестокость смерти (5-й акт, 1-я сцена).

«Если б жил я в шестнадцатом веке»

Микеланджело Буонаротти (1475–1564) – итальянский живописец. *Николай Коперник* (1473–1543) – польский астроном, создатель науки о гелиоцентрической системе мира. *Франсуа Рабле* (1494–1553) – французский писатель-гуманист, автор романа «Гаргантюа и Пантагрюэль». *Томас Мор* (1478–1535) – английский государственный деятель и писатель, автор романа «Утопия».

«Фома верный»

Он был вернее верного Мартина – имеется в виду Мартин Лютер (1483–1546), который как реформатор католической церкви дал и толчок движению за освобождение крестьянства. Однако в 1525 году, на пике Крестьянской войны в Германии, он проклял восстания крестьян, объявив их делом дьявола, и в послании «Против шаек крестьян, сеющих убийства и разбой» призвал князей и феодалов сурово подавить их.

«Урок рисования»

Винсент Ван Гог (1853–1890) – голландский живописец. *Иван Айвазовский* (1817–1900) – русский художник-маринист. *Антонис Ван Дейк* (1599–1641) – фламандский живописец-портретист.

«Рисунок»

тем боле (устар.) – тем более.

«Звёздные часы человечества»

Так называется цикл исторических миниатюр Стефана Цвейга (1881–1942). В миниатюре «Невозвратимое мгновение» рассказывается о маршале Груши, не уловившего «звёздную минуту» и не

„Yorick"
ist der Name des Hofnarren, dessen Totenschädel Hamlet, am offenen Grab stehend, in der Hand hält, während er in einem Monolog die Grausamkeit des Todes beklagt (5. Akt, 1. Szene aus „Hamlet" von William Shakespeare, 1564–1616).

„Wenn im sechzehnten Jahrhundert ich lebte"
Michelangelo Buonarroti (1475–1564) – italienischer Maler. *Nikolaus Kopernikus* (1473–1543) – polnischer Astronom, Schöpfer der Lehre vom heliozentrischen Himmelssystem. *François Rabelais* (1494–1553) – französischer Humanist und Schriftsteller, Autor des Romans „Gargantua und Pantagruel". *Thomas Morus* (More, 1478–1535) – englischer Staatsmann und Schriftsteller, Autor des Romans „Utopia".

„Der getreue Thomas"
Viel treuer, als es der getreue Martin war – gemeint ist Martin Luther (1483–1546), der als Reformator der katholischen Kirche auch Anstöße zu Befreiungsbestrebungen der Bauernschaft gegeben hatte. 1525, auf dem Höhepunkt des Deutschen Bauernkrieges, verdammte er jedoch die Aufstände als Werk des Teufels und forderte in der Schrift „Wider die mörderischen Rotten der Bauern" Fürsten und Feudalherren auf, sie unbarmherzig niederzuschlagen.

„Zeichenstunde"
Vincent van Gogh (1853–1890) – holländischer Maler. *Iwan Aiwasowski* (1817–1900) – russischer Marinemaler. *Anthonis van Dyck* (1599–1641) – flämischer Porträtmaler.

„Eine Zeichnung"
тем боле ist eine veraltete Form von *тем более (umso mehr)*.

„Sternstunden der Menschheit"
So heißt eine Sammlung historischer Miniaturen von Stefan Zweig (1881–1942). In der Miniatur „Die Weltminute von Waterloo" schreibt er über Marschall de Grouchy, der eine „Sternminute" nicht erfasste

пришедшего на помощь к Наполеону в битве при Ватерлоо, проигранной французами.

«Лев одряхлел…»
Строка «У сильного всегда бессильный виноват» относится к басне И.А. Крылова (1769–1844) «Волк и Ягнёнок».

und in der Schlacht von Waterloo, die für die Franzosen verlorenging, Napoleon nicht zu Hilfe kam.

„Der Löwe ward gebrechlich ..."
Die Zeile „Für Starke ist der Schwache schuldig so und so" stammt aus der Fabel „Wolf und Lamm" von Iwan Krylow (1769–1844).

Дорогие читатели!

Лет пять тому назад Михаил Мильмейстер попросил меня перевести стихотворение Феликса Кривина «Песенка о верблюде». Когда перевод был закончен, Михаил подарил мне одну из книг поэта, потом ещё одну и ещё одну... Так началось моё знакомство с творчеством Ф. Кривина. Его стихи нравились мне всё больше и больше. А переводились ли они когда-нибудь на немецкий язык? В Интернете ничего найти не удалось. Но ведь заслуживают они того, чтоб с ними познакомились и немецкие читатели! Я взялся за работу, выбирал, переводил...

И вот перед вами 99 переложений стихов Ф. Кривина. Правда, это только малая часть того, что принадлежит перу этого замечательного автора, но всё же я надеюсь, что вы получите некоторое представление о его поэтическом мире. В стихах Ф. Кривина речь идёт о жизни и любви, о природе и человеке, действительности и искусстве, прошлом и будущем. Пишет ли он об исторических личностях или одушевляет предметы обыденной жизни – всё это служит ему отправной точкой для глубоких размышлений и неизбитых суждений.

Однако поэзия – даже не главный литературный жанр Ф. Кривина. Намного обширнее его проза, в которой он предстаёт как один из самых выдающихся сатириков, пишущих по-русски. Открыть её немецкому читателю – дело будущего. Кстати, и во многих стихотворениях Ф. Кривина ярко проявляется его почерк сатирика.

Я рад, что издательство дало мне возможность параллельно представить стихи на двух языках – русском и немецком. Обращаться к двуязычной книге можно по разным причинам. Кое-кто ограничивается тем, что читает тексты на родном языке – по-русски или по-немецки. Но это, наверное, бывает не слишком часто. Более вероятна ситуация, когда читатель знает эти тексты в русском оригинале и теперь интересуется, как они переведены на немецкий язык. Или же ему нравятся немецкие тексты, и он хочет познакомиться с подлинником. Ещё кто-то хочет прежде всего расширить свои познания в иностранном языке. Есть, наверное, и читатели, которых интересуют секреты ремесла переводчика. Поэтому стоит сказать несколько слов о переводе стихотворений.

Liebe Leserinnen und Leser!

Vor etwa fünf Jahren bat mich Michail Milmeyster um die Übertragung eines Gedichts von Felix Krivin ins Deutsche: „Lied vom Kamel". Als sie fertig war, schenkte Michail mir ein Buch des Dichters, dann noch eins und noch eins ... So begann meine Begegnung mit F. Krivins Schaffen. Immer besser gefielen mir seine Verse. Gab es sie auch auf deutsch? Im Internet fand sich nichts. Aber sie waren es ja wert, Zugang zum deutschen Leser zu finden! Ich machte mich an die Arbeit, wählte aus, dichtete nach ...

99 Nachdichtungen liegen nun vor. Zwar ist es nur ein kleiner Teil aus dem umfangreichen Gedichtschatz des Autors, aber ich hoffe doch, dass er Ihnen einen Einblick in Felix Krivins poetische Welt vermittelt. Von Liebe und Leben ist die Rede, von Natur und Mensch, Wirklichkeit und Kunst, Vergangenem und Künftigem. Ob er auf bekannte Gestalten der Geschichte eingeht oder hintersinnig ein alltägliches Detail beschreibt – stets sind sie ihm Ausgangspunkt für originelle Gedanken und überraschende Sichten.

Dabei bildet die Lyrik nicht einmal das vorwiegende Genre von F. Krivins literarischen Werken. Viel umfangreicher ist seine Prosa, die ihn als einen bedeutenden russischsprachigen Satiriker ausweist. Auch sie harrt der Erschließung für deutsche Leser. Übrigens ist schon in vielen Gedichten dieses Buches die Handschrift des Satirikers unverkennbar.

Ich freue mich, dass der Verlag es ermöglicht, die Gedichte parallel – russisch und deutsch – darzubieten. Ein zweisprachiges Buch kann man aus unterschiedlichen Gründen zur Hand nehmen: Manch einer begnügt sich damit, die Texte in seiner Muttersprache, russisch oder deutsch, zu lesen. Das werden aber wohl die wenigsten sein. Wahrscheinlicher ist, dass jemand Texte des Autors schon in Russisch kennengelernt hat und nun neugierig auf eine deutsche Wiedergabe ist. Oder aber er findet Gefallen an den deutschen Texten und möchte wissen, wie das Original aussieht. Wieder andere wollen vor allem ihre Fremdsprachenkenntnisse erweitern. Bestimmt gibt es auch Leser, die sich für Techniken des Übersetzens und Nachdichtens interessieren. Deshalb hier noch einige Gedanken zum Thema Nachdichten.

Поистине звёздный час переживает поэт-переводчик, когда при дословном переводе стихотворения возникают строки, соответствующие подлиннику как по смыслу, так и по форме. Но это исключение. Обычно переложение рифмованных стихов – дело трудное, хотя и очень увлекательное. Ведь от переводчика стихов ожидают, чтобы он передал не только смысл текста, но и его звучание, все его поэтические тонкости. Это возможно, только если на другой языковой основе будет точно выражено сложное взаимодействие между содержанием, рифмой, ритмом и мелодией речи. Согласовать при переводе все компоненты – дело особенно заманчивое.

Все стихотворения этой книги написаны с использованием рифм и определённого стихотворного размера – я постарался передать их как можно более адекватно. В отдельных случаях всё же не удалось осуществить это в полной мере – например, когда строка подлинника состояла только из одного односложного слова, для которого нельзя было подобрать немецкий односложный эквивалент.

В некоторых стихах поэтические образы при переводе были осторожно изменены – из-за языковых и социокультурных различий (это касается, в частности, пословиц и игры слов), отчасти – для сохранения рифмы или ритма.

Ф. Кривин отступает от ранее принятой традиции русского стихосложения, используя довольно свободную рифмовку. Это дало возможность и мне обратиться к более свободным рифмам, и таким образом, выразить по-немецки содержание, заключённое в рифмующихся словах оригинала, с большей точностью.

Конечно, любой художественный перевод стихотворного произведения представляет собой лишь один из многих возможных вариантов. Поэтические сборники, которые уже вышли в издательстве Регине Денель, наглядно демонстрируют, насколько отличаются переложения одних и тех же стихотворений, созданные разными поэтами-переводчиками.

В конце мне хочется поблагодарить Марию Циткину и Михаила Мильмейстера, которые словом и делом поддержали подготовку этой книги.

Шенейхе, февраль 2010 г.

Петер Демель

Sternstunden erlebt ein Nachdichter, wenn schon beim wörtlichen Übertragen eines Verses in die Zielsprache Zeilen entstehen, die in Form und Sinn dem Original voll entsprechen. Aber das sind Ausnahmen. In der Regel ist das Nachdichten – jedenfalls soweit es um gebundene Lyrik geht – eine mühevolle, allerdings auch sehr spannende Angelegenheit. Vom Nachdichter erwartet man ja nicht nur, dass er den Inhalt sinngleich überträgt, sondern er soll auch den Klang, all die Feinheiten der poetischen Form wiedergeben. Bei gebundener Lyrik geschieht das in einem Spannungsfeld von Bedeutung, Reim, Versmaß und Satzmelodie. Alle Komponenten aufeinander abzustimmen schafft einen besonderen Reiz.

Die in diesem Buch versammelten Verse haben allesamt Reim und Versmaß. Beides in der deutschen Fassung möglichst adäquat darzubieten war mein Bemühen. Hin und wieder ließ sich das dennoch nicht ganz verwirklichen, z. B. wenn eine Originalzeile nur aus einem einzigen einsilbigen Wort bestand, für das sich im Deutschen einfach kein einsilbiges Wort finden ließ.

Bei einigen Übertragungen wurden poetische Bilder behutsam verändert – auf Grund sprachlicher und soziokultureller Unterschiede (zum Beispiel bei Sprichwörtern und Wortspielen), vereinzelt auch wegen des Reims oder des Versmaßes. Abweichend von früher geltenden russischen Traditionen reimt Felix Krivin großzügiger. Dies gab mir die Möglichkeit, ebenfalls freier zu reimen, und daher hatte ich es leichter, mit deutschen Reimen den Sinn russischer Reimwörter genau wiederzugeben.

Natürlich sind Nachdichtungen immer nur eine mögliche Variante von vielen. In bereits erschienenen Gedichtbänden des Verlags Regine Dehnel wird eindrucksvoll demonstriert, wie unterschiedlich mehrere Nachdichter ein und dieselben Verse übertragen können.

Herzlich bedanken möchte ich mich bei Maria Zitkina und Michail Milmeyster, die mit Wort und Tat zur Entstehung dieses Buches beitrugen.

Schöneiche, im Februar 2010
Peter Dehmel

Содержание

Inhaltsverzeichnis

Das Unvollkommne treibt den Fortschritt an

Quellenverzeichnis

Кривин, Феликс. Круги на песке. Ужгород: Карпати, 1983.

Кривин, Феликс. Дистрофики. Ужгород: Патент, 1996.

Кривин, Феликс. Полёт Жирафа. Ужгород: Изд-во В. Падяка, 2006.

Антология сатиры и юмора России XX века. Том 18: Феликс Кривин. Москва: Эксмо, 2004.

http://www.israbard.net/israbard/personview.php?person_id=1051283275

Als zweisprachige Ausgaben unseres Verlages liegen weiterhin vor:
Предлагаем вашему вниманию следующие двуязычные издания:

HEINRICH HEINE.
Gedichte aus dem »Buch der Lieder« /
ГЕНРИХ ГЕЙНЕ.
Стихи из «Книги песен»
ISBN 978-3-9811352-0-6
14,90 €

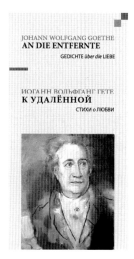

JOHANN WOLFGANG GOETHE.
An die Entfernte. Gedichte über die Liebe /
ИОГАНН ВОЛЬФГАНГ ГЕТЕ.
К удалённой. Стихи о любви
ISBN 978-3-9811352-1-3
14,90 €

FRIEDRICH SCHILLER.
Die Größe der Welt. Gedichte /
ФРИДРИХ ШИЛЛЕР.
Величие мира. Стихотворения
ISBN 978-3-9811352-2-0
14,90 €

GOTTHOLD EPHRAIM LESSING.
Fabeln / ГОТХОЛЬД ЭФРАИМ
ЛЕССИНГ. Басни
ISBN 978-3-9811352-3-7
14,90 €

NIKOLAI GOGOL.
Der Newskij-Prospekt /
НИКОЛАЙ ГОГОЛЬ.
Невский проспект
ISBN 978-3-9811352-6-8
19,90 €

FRANZ FÜHMANN. Kameraden /
ФРАНЦ ФЮМАН. Однополчане
ISBN 978-3-9811352-7-5
10,80 €

BESTELLUNG BEQUEM PER RECHNUNG DIREKT BEIM VERLAG /
ЗАЯВКИ И ЗАКАЗЫ ПРОСИМ НАПРАВЛЯТЬ ПО АДРЕСУ:

Verlag Regine Dehnel
Rykestraße 49
10405 Berlin
Telefon: (030) 40 04 39 39
Fax: (030) 40 04 83 94
E-Mail: info@verlagrd.de

Im Internet finden Sie uns unter /
Наш адрес в Интернете:
www.verlagrd.de